中国电气化发展报告

中电联电力发展研究院　编著

中国建材工业出版社

图书在版编目（CIP）数据

中国电气化发展报告.2019/中电联电力发展研究院编著.--北京：中国建材工业出版社，2020.4

ISBN 978-7-5160-2806-3

Ⅰ.①中… Ⅱ.①中… Ⅲ.①电气化—产业发展—研究报告—中国—2019 Ⅳ.①F426.6

中国版本图书馆CIP数据核字（2019）第285397号

中国电气化发展报告2019

Zhongguo Dianqihua Fazhan Baogao 2019

中电联电力发展研究院 编著

出版发行：中国建材工业出版社

地　　址：北京市海淀区三里河路1号

邮　　编：100044

经　　销：全国各地新华书店

印　　刷：北京天恒嘉业印刷有限公司

开　　本：889mm×1194mm 1/16

印　　张：12

字　　数：290千字

版　　次：2020年4月第1版

印　　次：2020年4月第1次

定　　价：398.00元

本社网址：www.jccbs.com，微信公众号：zgjcgycbs

请选用正版图书，采购、销售盗版图书属违法行为

举报信箱：zhangjie@tiantailaw.com　　举报电话：（010）68343948

本书如有印装质量问题，由我社市场营销部负责调换，联系电话：（010）88386906

编委会

主　任　杨　昆

委　员　张天光　张海涛　张　琳　董士波

编写组

组　长　董士波

主笔人　韩　超　高亚静　高长征　王秀娜

成　员　康丽娟　何　强　王艳波　喻　刚
陈冠多　韩晓宇　贺金杭　雷雨蔚
赵名锐　郭永成　刘禹含　郑小侠
李东伟　游维扬　朱丹青　徐　丹
朱　蕾　徐慧声　郭　傲

序　言

全球能源发展正在发生深刻变革，推动能源绿色低碳转型已成为实现人类可持续发展的必由之路，能源生产与消费呈现出清晰的电气化趋势。党的十九大报告提出构建清洁低碳、安全高效的能源体系，提升全社会电气化水平是保障开放条件下的能源安全、推动新一轮能源革命的重要途径。在习近平总书记“四个革命、一个合作”能源安全新战略指引下，与电力高质量发展目标相适应，中国电气化进程步入新阶段并快速向前推进，后续推动电气化发展迈向更高层级仍然大有可为。

“十二五”以来，中国电气化发展取得显著成效。在供应侧，电力在能源系统中的地位持续增强，全国发电能源占一次能源消费比重从2010年的42.6%提高到2018年的约46.4%。清洁能源发电能力稳步提升，2018年全国清洁能源发电装机占比达到45.2%。电网智能化实践取得积极进展，输电网的大范围优化配置资源能力稳步提高，配电网升级改造有效提升配电自动化水平与供电可靠性；在消费侧，2018年全国电能占终端能源消费比重达到25.5%，我国的终端电气化水平已基本与发达国家处于同一水平区间。电能替代与节能节电同步实施，替代电量呈现逐年升高态势，2018年全国单位GDP电耗比2010年下降7.5%，助力能效稳步提高。电力营销服务体系不断优化升级，终端用户电力获得感不断增强，在世界银行发布的《2019年营商环境报告》中，我国“获得电力”指标排名第14，较上一年排名提升84位；在可持续发展层面，电力普遍服务分阶段扎实推进，拉动全国人均生活用电量稳步提高，2018年达到696千瓦时/人。电力市场化改革深入推进，推动用户用电成本持续下降，2018年全国销售电价（含政府性基金及附加）总水平0.629元/千瓦时，我国销售电价在国际上处于中等偏下水平，低于绝大多数发达国家。低碳电力发展成绩瞩目，单位发电量二氧化碳排放强度稳步下降，2006—2018年，电力行业累计减少二氧化碳排放约136.8亿吨。在取得不俗成绩的同时，我国持续推进电气化进程也面临着区域间电气化发展水平在电力供应侧与消费侧均存在着明显差异，电气化进程下的电力系统安全稳定运行压力持续增大，长期依赖行政手段推进能效管理与节能节电工作面临新挑战，后续高质量开展电力普遍服务亟须机制创新，适应新形势的电力市场体系尚不健全等诸多矛盾和问题。面对电气化发展取得的成绩与经验，以及出现的矛盾和问题，我们必须予以高度重视，全面归纳总结，深入分析研判，推动电气化发展不断迈上新台阶。

《中国电气化发展报告 2019》是中电联电力发展研究院在深入调查研究的基础上，组织编写的首份中国电气化发展专题报告。报告系统总结了我国电气化发展状况，全面展示了电力企业为提升电气化水平作出的贡献，探索建立了反映电气化进程的评价指标，分析了电气化发展趋势，提出了我国中长期电气化发展目标，旨在凝聚社会各界协同推动电气化发展的共识，同时为政府决策、企业发展提供支持与服务。

编写《中国电气化发展报告 2019》，是中电联电力发展研究院打造“国内领先、国际一流的电力行业智库”，服务经济高质量发展，有效应对气候变化的有益尝试。希望电力发展研究院继续秉持中电联“立足行业、服务企业、联系政府、沟通社会”的功能定位，持续开展电力行业发展重大问题研究，科学严谨地滚动研判电气化发展趋势，汇聚行业智慧，促进行业交流，与各界一道共同推动全社会电气化水平持续提升。

中国电力企业联合会党委书记、常务副理事长 

2020 年 3 月

前　言

《中国电气化发展报告 2019》（以下简称《报告 2019》）是由中国电力企业联合会（以下简称“中电联”）以我国电气化发展进程为研究对象，面向全社会宣传和展示我国电气化发展情况的专题报告。本报告力求通过通俗的语言、专业的分析与图文并茂的展现形式，做到系统全面、生动直观，旨在凝聚焦点、突出重点，更好地从总体上把握我国电气化发展主脉络。

《报告 2019》共 5 篇、17 章，根据中电联电力行业统计与调查数据，以企业和研究机构提供的资料为补充，以电气化进程评价指标体系贯穿全文，阐述新时期电气化发展内涵与特征，开展主要评价指标国际对比，评价主要国家电气化进程，重点反映“十二五”以来我国电气化进程步入新阶段后，在清洁能源发电、输配电、电力安全供应、电力新业态、电能替代、节能节电、电力需求侧管理、电力营销服务、用电营商环境、电力普遍服务、电力市场化改革、低碳电力发展等电气化主要领域的发展情况，分析面临的机遇与挑战，并进行了展望。《报告 2019》附录列出了电气化进程评价指标、各阶段典型特征及进程指数的释义与说明。

我们真诚地希望《报告 2019》能够成为社会大众全面了解我国电气化发展成效的一扇窗口，凝聚社会各界关于电气化发展的共识，同时为政府加强宏观管理、制定发展政策提供支撑，为推动我国电气化实现高质量发展发挥积极作用。

《报告 2019》的撰写得到了各电力生产企业（发电企业、电网企业）、有关研究机构等单位与专家学者的大力支持和帮助，在此一并表示衷心感谢！《报告 2019》在资料收集、数据分析等方面难免存在欠缺和疏漏，敬请读者谅解并指正。

编委会

2020 年 3 月

目 录

第三篇 电力消费

第四篇 可持续发展

第五篇　展　　望

附录

综 述

能源是经济社会发展的重要物质基础，从薪柴时代到煤炭时代，再到油气时代，每一次能源转型都有力推动了人类文明的进步。电力是工业化进程的“助推器”，着力提升全社会电气化水平是推动能源转型的重要途径。

党的十九大报告提出构建清洁低碳、安全高效的能源体系。电力行业以习近平新时代中国特色社会主义思想为指导，全面贯彻党的十九大和十九届二中、三中、四中全会精神，遵循“四个革命、一个合作”能源安全新战略，贯彻新发展理念，以供给侧结构性改革为主线，着力补短板、强弱项、优化结构、保障民生，突出战略规划引领，加快推动质量变革、效率变革、动力变革，全力推动电力工业高质量发展。

在能源变革大趋势下，电能作为清洁、高效的二次能源将处于未来能源转型的核心位置，能源生产与消费呈现出清晰的电气化趋势，推动电气化发展进入以绿色、安全、高效、智能为特征的新阶段。新时期电气化发展是传统电气化转向清洁低碳、安全高效的发展与升级。在电力供应侧、电力消费侧与可持续发展层面协同推进电气化进程，推动能源生产与消费革命、支撑经济社会协调发展、促进生态环境持续改善、助力人民生活品质不断提升。

在电力供应侧，大规模开发利用清洁能源，依托智能电网发展，着力提升电力安全供应保障能力，推动能源互联网建设，拓展综合能源服务业务。在电力消费侧，广泛实施电能替代，加强能效管理，推进节能节电技术创新与电力需求侧管理，构建现代电力营销服务体系，优化用电营商环境。在可持续发展层面，持续开展电力普遍服务，深化电力市场化改革，激发低碳电力发展新动能，推动电气化发展迈上更高层级。

一、发展进程

为了客观、科学、量化地反映我国电气化进程，中电联电力发展研究院在传统电气化表征性指标的基础上梳理、升级、提炼后，研究提出新时期电气化进程评价指标体系，包含15项评价指标；选取了发电能源占一次能源消费比重、电能占终端能源消费比重、清洁能源发电装机占比、平均供电可靠率、人均生活用电量与单位发电量二氧化碳排放强度6项指标作为量化反映电气化发展进程的典型特征评价指标；在此基础上，将电气化进程划分为电气化前期、电气化中期初级、中期中级、中期高级和电气化后期5个阶段；基于电气化进程阶段划分与进程评价指标体系，构建电气化进程指数，量化反映不同国家的电气化进程。

选取中国、美国、德国、日本4个国家构成对比样本，开展电气化进程评价。研究结果显示，参与对比的中国、美国、德国、日本的电气化进程都在朝向更高层级推进；美国、德国、日本2016年均已处于电气化中期高级阶段，中国电气化进程与美国、德国、日本相比仍然存在较为明显的滞后，但与发达国家的差距也呈现出逐步缩小的趋势。

2018年，我国电气化进程总体处于电气化中期中级阶段。全国层面，发电能源占一次能源消费比重达到约46.4%，电能占终端能源消费比重达到25.5%，清洁能源发电装机①占比达到45.2%，单位发电量二氧化碳排放强度约为592克/千瓦时，平均供电可靠率为99.820%，单位GDP电耗为821千瓦时/万元（GDP按2015年可比价格计算），人均生活用电量为696千瓦时/人，销售电价（含政府性基金及附加）总水平为0.629元/千瓦时。从主要评价指标变化趋势来看，我国电能占终端能源消费比重已基本与发达国家处于同一水平区间，销售电价在国际上处于中等偏下水平、低于绝大多数发达国家，清洁能源发电装机占比与清洁能源发电量占比快速提升，单位发电量二氧化碳排放强度稳步下降、人均用电量稳步提高，4项指标与发达国家的差距正在逐步缩小。单位GDP电耗超出世界平均水平的1倍，人均生活用电量与发达国家相比存在明显差距，后续具有很大的提升潜力。

分区域来看，各区域电气化发展进程基本与其经济发展水平呈正相关关系，经济发达地区具有更高的电气化水平。各区域中，华东地区与南方地区的发电能源占一次能源消费比重及电能占终端能源消费比重2项评价指标优于全国平均水平，电气化发展成效更加显著。同时，区域间的电气化发展存在明显差异，西北地区与南方地区的一次能源结构中发电用能占比更高，东南沿海地区的终端用能以及居民生活电气化水平显著高于西北地区与东北地区。

二、发展成效

“十二五”以来，我国电气化发展在电力供应侧与电力消费侧稳步推进，在电力普遍服务、电力市场化改革、低碳电力发展等推动电气化可持续发展的重点领域取得积极进展，电气化发展主要评价指标趋势向好，电气化进程不断向前推进。

---

① 本报告中的清洁能源发电装机是水能、风能、太阳能、核能、天然气、生物质发电装机的统称。

1. 清洁能源发电能力稳步提升

电源发展步入提质增效期，发展动力由传统煤电引领增长向清洁能源成为主体增量转变，先进绿色发电技术引领产业发展。截至2018年年底，全国清洁能源发电装机容量为8.6亿千瓦，清洁能源发电量为2.4万亿千瓦时，占全部发电量的34.0%。在各类清洁能源中，水电发展以重要流域龙头电站为引领，我国已掌握了百万千瓦级水轮发电机组制造技术，水电装机容量超过3.5亿千瓦。风电、太阳能发电发展持续推进，海上风电步入大容量机型国产化时代，新型高效太阳能电池技术取得重要进展，风电、光伏发电装机分别超过1.8亿千瓦、1.7亿千瓦，风光水电利用率稳步提升。第三代核电技术装备进入应用推广期，以沿海核电带为重点，一批核电自主化示范工程正有序建设，全国核电运行装机容量为4466万千瓦，在建规模为1345万千瓦。天然气发电在京津冀、长三角及珠三角区域蓄力发展，全国气电装机容量为8375万千瓦。

2. 电网智能化实践取得积极进展

智能电网在我国10余年来的发展促进了清洁能源利用规模持续扩大、终端用电更加智慧高效。以建设智能电网为引领，输电网与配电网协同发展。输电网规模持续增加，能源大范围优化配置能力稳步提高。截至2018年年底，全国跨区输电能力为1.36亿千瓦。配电网升级改造有效提升配电自动化水平与供电可靠性，2018年全国16个城市的配网自动化线路覆盖率达到100%，31个省智能电表覆盖率达到99%以上，全国供电系统用户年平均停电时间为15.75小时。在绿色电力调度、柔性交直流配电网、智能用电等关键技术装备领域取得了一系列科技创新成果并推广应用。电力发展新模式新业态不断涌现，促进以电为核心的智慧能源系统应用范围逐步扩大。国家首批55个能源互联网试点示范项目、23个多能互补集成优化示范工程有序推进。

3. 电能替代与节能节电同步实施

我国持续推动电能替代化石能源，带动终端用能结构不断优化。作为反映终端用能电气化水平的重要特征性指标，我国电能占终端能源消费比重在2018年达到25.5%，较2010年提高了约4.2个百分点。全行业及居民生活电气化水平稳步提升，自国家八部委联合出台《关于推进电能替代的指导意见》（发改能源〔2016〕1054号）以来，电能替代实施力度不断加大，带动工（农）业生产制造、交通运输、居民生活、建筑等重点领域电气化水平稳步提高。2016—2018年累计完成替代电量3923亿千瓦时，且替代电量呈现逐年升高态势。与此同时，在长期坚持高效节约用能理念和政策指导下，全国广泛开展节能节电技术推广应用与电力需求侧管理工作，推动能效稳步提高。2010—2018 年，全国单位 GDP 能耗与单位 GDP 电耗分别累计下降 27.6% 和 7.5%。2018 年电网企业通过实施输变电系统节电与推动社会各领域企业节电等措施，合计节约电量 166 亿千瓦时，节约电力 435 万千瓦。

4. 终端用户电力获得感不断增强

坚持“人民电业为人民”宗旨，电力企业始终将满足人民群众美好生活的用电需求作为根本出发点，以提供可靠的电力供应与坚实的供电保障为重点，持续提升电力用户的用电体验，带动现代电力营销服务体系不断优化升级。目前，我国电力营销以 95598 为综合业务统一服务平台，具体形式从传统的抄表服务、用电检查、故障抢修、装接校表等现场服务、电话服务与大用户服务逐步扩展到涵盖智能互动式服务厅、“互联网 +”业务受理等多种现代电力服务，并在此基础上不断拓展服务范围，着力为用户提供智慧能效诊断分析与节能降耗策略等多种综合能源利用与能效提升服务。通过持续实施获得电力便利化改革，我国已经在北京、上海等重点城市实现了小微企业获得电力“零上门、零审批、零投资”服务。在世界银行发布的《2019 年营商环境报告》中，我国“获得电力”指标排名从 2017 年的第 98 位大幅跃升至 2018 年的第 14 位。

5. 电力普遍服务分阶段扎实推进

电力行业认真履行民生保障的社会责任，确保所有用户都能以合理的价格获得持续、可靠的基本电力服务，肩负起保底供电的行业担当。自 1992 年实施“电力扶贫共富工程”以来，电力企业多措并举，持续加大资金投入力度，为广大偏远落后地区居民提供电力保障。2005 年以来，积极抓好消除无电户工作，2015 年 12 月 23 日，青海省果洛藏族自治州班玛县果芒村和玉树藏族自治州曲麻莱县长江村顺利通电，标志着我国“无电人口全部用上电”任务圆满完成。2016 年，电力企业开始大力实施农村配电网建设、改造工程，促进城乡用电普遍服务均等化，拉动人均生活用电量稳步上升。截至 2017 年年底，国家累计安排投资计划 1.1 万亿元，为 78533 个小城镇中心村实施电网升级，为 33082 个贫困自然村通上动力电。2018 年全国人均生活用电量达到 696 千瓦时/人，与 2005 年电力普遍服务步入消除无电户阶段初期相比，提高了 478 千瓦时/人。

6. 电力市场化改革优化资源配置

随着进一步深化电力体制改革措施逐步落实，电力价格形成机制逐步完善，市场化交易电量规模持续扩大，电力市场优化资源配置、扩大清洁能源利用等改革红利不断释放。我国逐步还原电力商品属性，2018 年完成首个周期的输配电价核定，平均输配电价较“购售价差”模式有所降低，促进电网企业改进管理、降本增效。

全国各地市场主体参与市场的数量进一步扩大，2018 年全年合计交易电量为 2.1 万亿千瓦时，比 2017 年增长 26.5%。自区域性电力交易中心基本完成组建以来，我国通过市场化交易促进可再生能源利用取得积极进展，2016—2018 年，全国可再生能源交易电量超过 1.9 万亿千瓦时，年均增长 10.9%。为实现发电资源高效配置，建立发电权专项交易市场，我国开展了多项可再生能源替代火电的跨区清洁能源发电权交易，2015—2018 年 8 月底，全国累计完成发电权交易超过 4000 亿千瓦时。

7. 低碳电力发展取得显著成效

电力行业以更加积极的姿态应对气候变化，通过发展非化石能源、提高清洁能源发电量、多措并举降低供电煤耗与线损率，有效减缓了电力二氧化碳排放总量的增长。单位发电量二氧化碳排放强度稳步下降，2018 年全国单位发电量二氧化碳排放约为 592 克/千瓦时。在大力发展非化石能源替代传统化石能源发电的同时，火电领域对降低单位发电量二氧化碳排放强度也做出了卓越贡献。截至 2018 年年底，全国累计完成煤电节能改造超过 6 亿千瓦，2018 年全国 6000 千瓦及以上火电厂平均供电标准煤耗降至 307.6 克/千瓦时。电力传输效率逐步提升，2018 年全国电网综合线损率降至 6.27%。以 2005 年为基准年，2006—2018 年，电力行业累计减少二氧化碳排放约为 136.8 亿吨。其中，供电煤耗降低对电力行业二氧化碳减排贡献率为 44%，非化石能源发展贡献率为 54%。

三、面临的形势与挑战

我国电气化发展在取得显著成效的同时，电气化发展步入新阶段将助推电力工业高质量发展。构建清洁低碳、安全高效的能源体系，电力发展需要满足人民日益增长的美好生活电力需求等新形势给新时期电气化发展提出了更高的要求，加快电气化进程对电力系统灵活调节与安全运行提出了更高的标准，后续凝聚各方共识、协同推进电气化进程还将面临诸多挑战。

1. 电气化进一步激发新时期电力工业发展的内生动力

党的十九大报告提出坚持新发展理念，制定了新时代统筹推进“五位一体”总体布局的战略目标。在此背景下，电气化的助推作用将持续加大，并将成为推动能源绿色低碳转型的重要实施路径。工业、建筑、交通等主要用能领域的电气化程度逐步提高，智能用电技术蓬勃发展，居民生活用电需求持续增长，我国电力需求仍将处在较长时间的增长期。与电力需求的持续增长相适应，新时期电力工业发展需要在供应侧着力优化电源结构、提高清洁能源发电供应能力的同时，进一步加大智能电网建设投资力度、强化电力供应保障能力建设，通过电源电网的协调发展实现清洁能源的规模化利用；在消费侧扩大电能替代实施范围，引导用户积极参与需求侧响应，提高电力服务水平，促进电能在终端能源消费市场上的竞争力不断提升；在可持续发展层面持续深化电力市场化改革，促进电力资源的优化配置，激发各类主体的增量用电潜力，积极推动低碳电力发展，为电力行业应对气候变化做出更大贡献。电气化作为推动我国电力工业高质量发展的催化剂，将进一步激发新时期电力工业发展的内生动力。

2. 电气化对电力系统安全稳定运行提出更高标准

未来的电力需求主要依靠清洁发电能源满足，大力发展清洁能源，既要满足未来电力需求的增量，又要弥补煤电规模减小后的存量缺口。目前，我国各类清洁发电能源中，风电、光伏发电装机容量合计超过3.5亿千瓦，风电、光伏发电具有很强的随机性、波动性和间歇性，大规模集中并网要求电力系统具有相应的消纳能力。当前我国电力系统的调节能力与风电、光伏发电装机快速增长所产生的调峰需求相比尚不能完全匹配。同时，新能源大规模并网使停备的火电机组数量上升，系统转动惯量降低，电网运行控制难度增大。另外，电气化还可以促进分布式电源、微电网、智能用电、电动汽车、电储能快速发展，配电网从无源网成为有源网，潮流由单向变为双向、多向，电网运行控制也随之更趋复杂。尽管近年来我国电力系统一直保持安全稳定运行，但是发生大面积停电的风险始终存在，电气化发展对电力系统的调节能力建设和安全运行控制提出了更高的标准。

3. 凝聚各方共识、协同推进电气化进程任重道远

新形势下，电气化发展已经超出了电力行业的既有边界，将带动能源生产与消费形态产生显著变化。在此过程中，需要政府积极推动、社会民众充分支持和参与、电力企业主导、行业协会大力引导并搭建各方协作的沟通平台，进一步凝聚各方共识、协同推进电气化进程。同时，为实现电气化发展目标，需要国家和地方政府突破体制机制束缚，在政策和机制保障层面为电气化发展注入强劲动力；需要社会民众积极转换传统用能观念，逐步形成新的电气化用能意识，更加主动地使用清洁电能替代传统化石能源；需要电力企业以进一步提高全社会电气化水平为导向，不断优化发展战略、完善经营理念；需要行业协会立足全局，充分发挥桥梁纽带作用，成为引领电气化持续发展的重要力量。与此同时，地区间的电气化发展也要更趋平衡、更加协调。当前我国地区间电气化水平差异明显，未来发达地区在保持高水平电力产出效益的同时，需要与欠发达地区加强协同配合，共同实现电气化发展的质量趋同。

四、发展目标

结合电气化在电力供应侧、电力消费侧与可持续发展层面的中长期发展形势，

对应基准情景与电气化加速情景下，预测2020年和2035年我国电气化发展的主要目标。基准情景下，预计2020年和2035年，全国发电能源占一次能源消费比重分别达到47.4%和55%，电能占终端能源消费比重分别达到27.5%和36%；电气化加速情景下，预计2035年，全国发电能源占一次能源消费比重提高到57%，电能占终端能源消费比重提高到38%。多项电气化进程评价典型特征指标预测结果反映出：2035年我国电气化进程总体有望处于电气化中期高级阶段，与发达国家的电气化进程差距将逐步缩小。

五、发展展望

2020年是全面建成小康社会和“十三五”规划的收官之年，是实现第一个百年奋斗目标的关键之年。**我们建议将提高全社会电气化水平纳入国家能源战略，明确电气化发展作为推动能源消费、供给、技术、体制革命与全方位加强国际合作的重要路径。**以此为引领，进一步加强顶层设计与规划引领，加大支持力度，加快电气化进程，持续推动电力工业高质量发展。**引导各类清洁发电能源协调发展。**加快以集中式可再生能源为核心的综合电源基地开发，加快安全高效核电建设，稳步发展天然气发电，因地制宜开发分布式清洁电源，实现清洁能源高效利用。**提升电力系统智慧化水平。**从电源侧、电网侧、负荷侧协同推进电力系统智慧化建设，推动电力系统新格局下的技术与管理变革；开展智能电厂应用功能升级，加强智能电网与先进物联网的深度融合，实施智能用电技术创新，提高电力需求侧响应能力。**加大电能替代实施力度。**科学制定电能替代实施规划，进一步完善电能替代产业政策，实施财税政策引导用户选择电能替代设备，持续提高电能占终端能源消费比重。**深化电力体制机制改革。**推动形成科学合理的电价机制，研究建立以电价附加方式为资金来源的电力普遍服务基金；加快推进电力现货市场试点建设，加快容量市场与辅助服务市场建设，进一步丰富和完善电力市场化交易模式与交易品种。**激发能源电力发展新动能。**以提高能效为导向，优化完善“互联网+”智慧能源、多能互补集成优化、综合能源服务的技术标准体系和商业运营模式，明确实施路径，引导电力新业态持续健康发展。

第一篇 发展进程

电气化是工业化进程与能源革命共同推动的能源发展形态，同时电气化又是持续推动工业化进程与能源革命的物质基础和基本动力。梳理电气化发展历程，阐述电气化发展新动能，重点分析新时期电气化发展具有的内涵、特征与意义，充分展现电气化对人类社会发展产生的巨大推动作用，同时为反映电气化发展进程奠定理论基础。

本篇遵循全面性、客观性、指导性和前瞻性的原则，构建电气化进程评价指标体系，开展主要评价指标国际对比，客观反映不同国家电气化主要领域的发展现状与趋势。将电气化进程细分为5个阶段，基于电气化阶段划分与进程评价指标体系，设置电气化进程指数，量化反映不同国家的电气化发展进程。在此基础上，重点展现我国“十二五”以来的电气化进程衍变，分析我国各区域的电气化发展差异，更好地把握我国电气化发展主脉络。

第一章　电气化发展概论

一、电气化发展历程

“电”在西方是由希腊文“琥珀”一词转意而来，在中国则是从雷闪现象中引出。自18世纪中叶以来，人类对电的研究和应用蓬勃开展，与电相关的每项重大发现和实际应用，都不断推动生产力变革与人类文明进步。尤其是19世纪末开始出现的电力系统使电能得到广泛应用，电能在为人类传递光明的同时，使社会生产力得到极大的解放，开创了电气化时代。

在以化石能源为主体的传统能源生产与消费模式下，人们普遍认为电气化就是国民经济各部门和人民生活广泛使用电能。电气化发展与一个国家的资源禀赋、经济发展、能源战略与科技创新能力等发展要素密切相关并相互作用。电气化发展促进电能不断替代传统化石能源，支撑经济可持续发展和人民生活水平的提升，而经济发展与技术进步又会进一步促进电气化水平的提高。

1. 电气化发展与工业化进程

电气化发展与工业化进程的关系紧密。第一次工业革命使劳动生产率大幅提高、使工业发展突飞猛进，与此同时，人类对电的认识尚处于萌芽阶段。直至第二次工业革命开启，工业化与电气化相互促进并同步发展，随着每一次工业化进程带来生产方式的巨大变革，电气化也同步向更高层次发展。

缘于19世纪70年代的第二次工业革命，其重要标志是电机的发明和电力的广泛应用，引领世界由蒸汽时代进入电气化时代。在这一时期，德国人西门子制成发电机（图1－1），比利时人格拉姆发明电动机（图1－2），电力开始用于带动机器，成为补充和取代蒸汽动力的新能源，工业重心也逐步由轻纺工业转向重工业，出现了电力、化学、石油等新兴工业部门。电力工业和电器制造业迅速发展，电能在人类日常生产和生活中得到广泛应用。

图1－1　西门子及发电机

图1－2　格拉姆发明的电动机

1895年，美国尼亚加拉成功建成的复合电力系统，是早期交流电力系统的代表。交流电力系统具有提高输电电压、增加装机容量、延长输电距离、节省导线材料等优势。从此以后，电力系统的蓬勃发展使动力资源得到充分开发，工业布局也更趋合理，推动电气化深刻影响着社会物质生产和人类日常生活的各个层面。

电力系统示意图见图1－3。

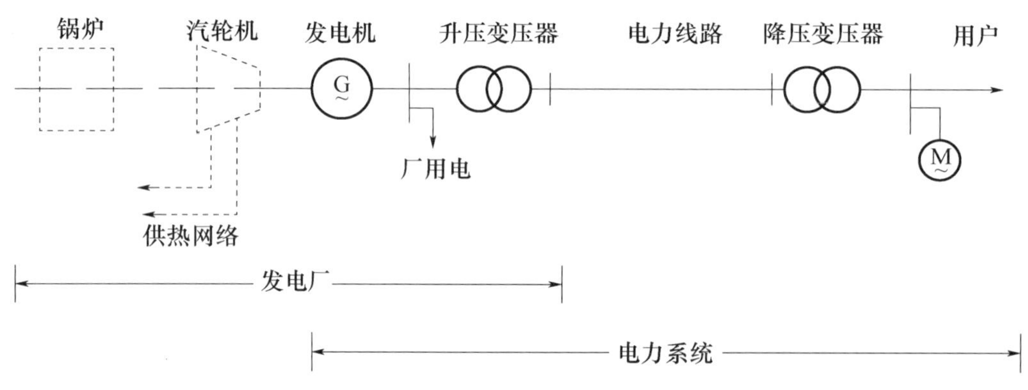

图1－3　电力系统示意图

进入20世纪中叶，以信息技术、新能源技术为代表的第三次工业革命在美国率先兴起。其中，最具划时代意义的是电子计算机的发明和广泛应用，使生产自动化、办公自动化与家庭生活自动化具备了实现的基础，也预示着人类社会从机械化时代进入更加高级的自动化时代。在此过程中，为了实现自动化，需要电力作为重要的基础能源提供动力，因此电气化也随第三次工业革命一道继续向前发展。

伴随工业化进程的衍变，电气化发展始终发挥着重要的作用，电气化发展与工业化进程相辅相成，相互促进。

工业化进程与电气化发展衍变见图 1－4。

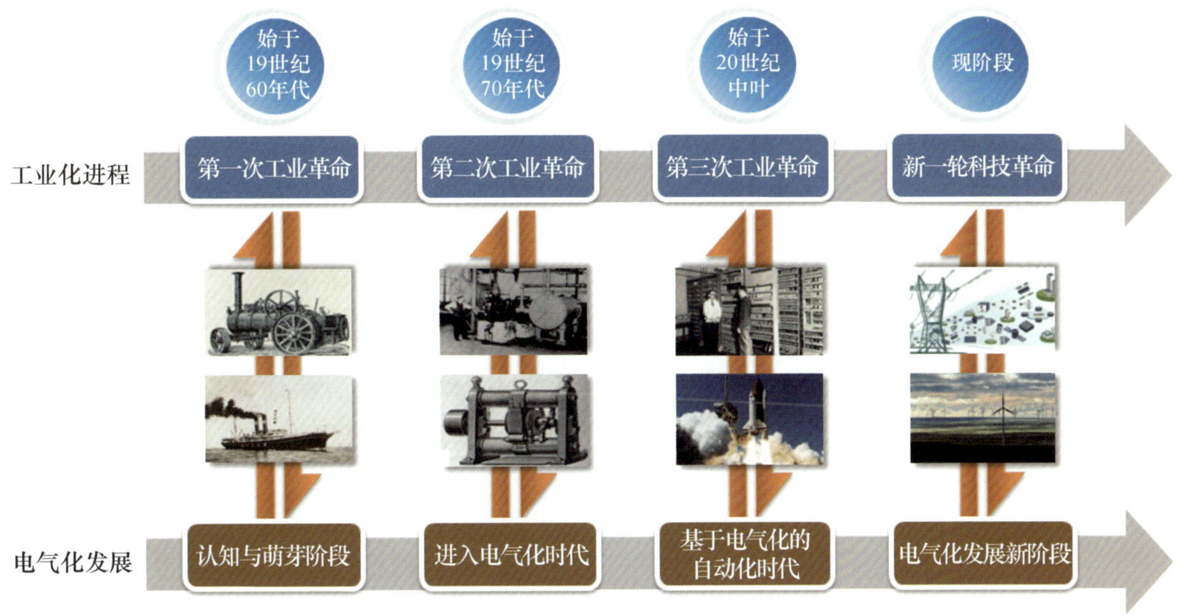

图 1－4　工业化进程与电气化发展衍变

2. 电气化传统特征指标趋势分析

传统能源生产与消费模式下，通常用两个特征指标反映电气化发展水平：一是发电能源占一次能源消费比重，总体上反映了电力在能源系统中的地位；二是电能占终端能源消费比重，用来度量各类终端用户用能总量中的电力消费水平。

随着电气化发展进程不断向前推进，能源生产与消费呈现出更加清晰的电气化趋势，主要体现在发电能源占一次能源消费比重与电能占终端能源消费比重的同步提高。根据中电联统计数据，我国发电能源占一次能源消费比重从 1985 年的 22.8% 提高到 2017 年的 44.6%①，电能占终端能源消费比重从 1985 年的 7.4% 提高到 2017 年的 23.9%。两项传统电气化特征指标量值的变化反映出，我国电气化发展水平呈现出稳步提升的总体趋势，电气化进程持续向前推进。

1985—2017 年我国发电能源占一次能源消费比重的变化以及电能占终端能源消费比重的变化分别见图 1－5 和图 1－6。

① 本报告数据原则上取自中电联统计与调查数据，其他统计口径数据详见报告中相关图表标注的数据来源。

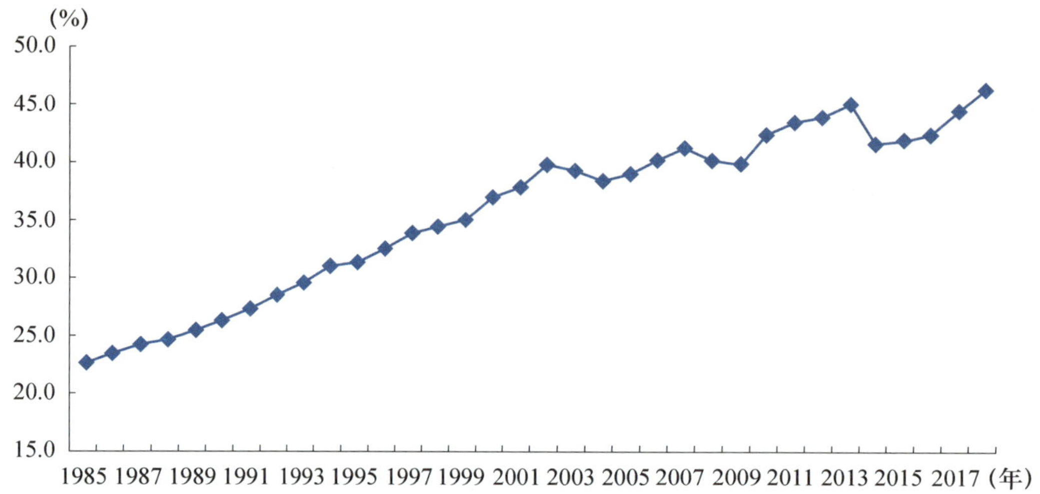

图1－5　1985—2017年我国发电能源占一次能源消费比重的变化

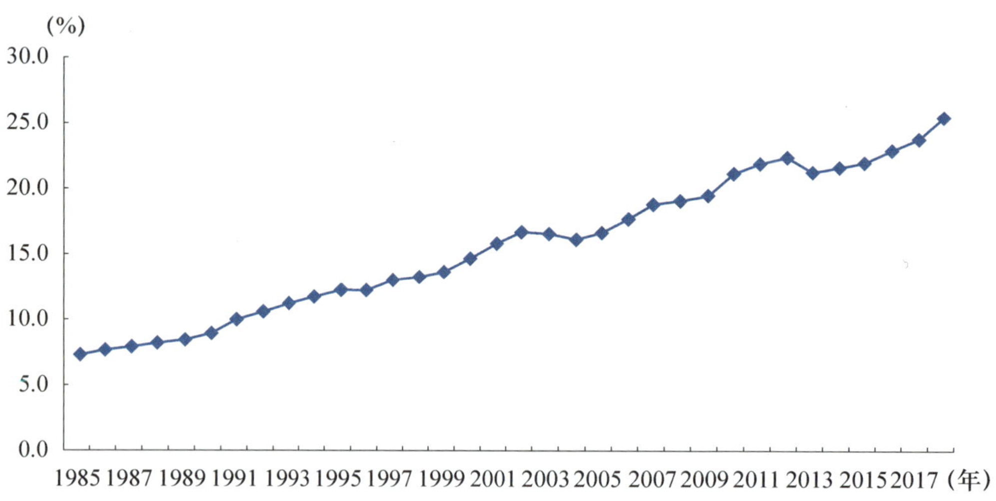

图1－6　1985—2017年我国电能占终端能源消费比重的变化

二、新时期电气化发展内涵与特征

电气化是与国民经济发展水平、工业化进程相关的与时俱进的动态概念。进入21世纪，全球能源转型引领电气化发展全面升级，新一轮科技革命推动电气化发展步入新的阶段，新时期电气化发展的内涵也需要进一步深化和丰富。

1. 新时期电气化发展内涵

新时期电气化发展是推动能源转型的重要途径，是在以化石能源为主体的传统能源生产与消费模式下电气化发展的全面升级。具体而言，分为以下各个层面：

在国民经济各部门和人民生活广泛使用电力的基础上，通过电力与新技术的深度融合，促进更多清洁能源通过转化为电力得以大规模利用，清洁低碳电力以智能电网为载体实现更大范围内的配置和使用；利用电能替代传统化石能源的直接消费，进一步提高终端用能的电气化水平，实行多种节能节电措施，引导全社会高效、节约用电；通过提升电力安全供应能力、开展电力普遍服务与现代电力营销服务、推进电力市场建设，形成激发生产、惠及民生的可靠电力供应；以电力为核心，融合多种能源协同高效运行，进而推动能源生产与消费变革、支撑经济社会协调发展、促进生态环境持续改善、助力人民生活品质不断提升。

结合新时期电气化发展内涵，按照电气化发展目标、实施路径、技术支撑与体制机制保障的逻辑层次，可对电气化发展的内涵架构、电气化发展各个维度之间的内在关联进行分析和解读。

新时期电气化发展内涵架构示意图见图1－7。

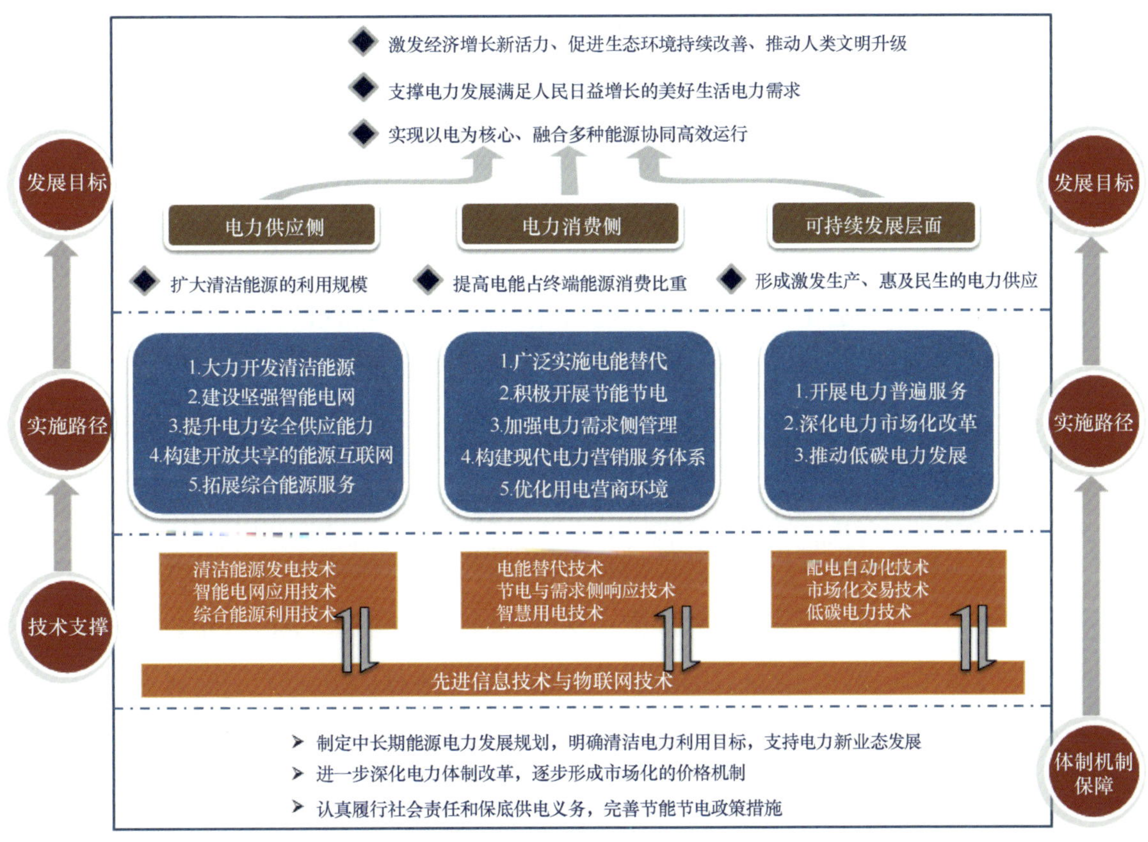

图1－7　新时期电气化发展内涵架构示意图

2. 新时期电气化发展的主要特征

与新时期电气化发展内涵相适应，电气化发展步入新阶段后呈现出“清洁能源电力化、终端用能电气化、电力系统智慧化、多种能源融合化、电力服务普适化、电力供应低碳化”六方面特征，见图1－8。

清洁能源电力化

· 提高清洁能源占一次能源消费比重，从根本上解决人类能源供应长期面临的资源与环境约束问题，是实现能源可持续利用的重要举措

终端用能电气化

· 拉动主要部门用电占用能比重不断提高，有效减少化石能源消耗，对提升全社会电气化水平具有积极的实践意义

电力系统智慧化

· 实现电力系统全环节协调互补、电力流与信息流合为一体，促进电源侧的清洁电力供应与负荷侧的实时用电需求之间达到动态平衡

多种能源融合化

· 实现多异质能源子系统之间的优化运行、协同管理与互补互济，实现清洁能源的高效利用，满足用户多元化的用能需求，显著提升能效水平

电力服务普适化

· 开展电力普遍服务，构建现代电力营销服务体系，提升用户电力获得感。深入推进电力市场化改革，确保各类用户在可承受的范围内按需享有电力

电力供应低碳化

· 有效减缓电力二氧化碳排放的增长，实现清洁能源在更大范围内消纳，有利于能源生产侧与消费侧的控碳与脱碳，促进能源低碳转型

图1－8　新时期电气化发展的主要特征

三、新时期电气化发展意义

电气化是顺应人类文明进程与能源革命应运而生的一种能源电力发展形态，随着电气化进程不断向前，将为解决长期困扰人类发展的能源紧缺、环境污染、气候变化等问题提供可行方案，电气化将为人类享受到充足的能源、繁荣的经济和宜居的环境做出积极贡献。

1. 构筑电力发展新格局

电气化突破了传统的资源约束，推动清洁能源实现高效利用和人人享有。以能源互联网为支撑，以智能电网为载体，实现主要依托清洁能源的电力生产、绿色电力输配系统的整体优化。水能、风能、太阳能、核能、天然气等清洁能源通过水轮发电机、风力发电机、光伏光热装置、核反应堆、燃气轮机等载体转换成电能，在电力供应侧逐步实现清洁替代。同时，电气化促进电力生产消费实现双向互动，电力系统更加智慧，推动电力消费从以往单向被动接受的用电方式向双向互动响应的用电方式转变，在电力消费侧逐步实现高效、灵活、智能用电。

2. 激发经济增长新活力

电气化发展将创造出巨大的生产力，为世界经济带来能源要素的解放，推动全球范围内的能源电力技术更新换代和产业升级，成为经济持续增长的引擎之一。电气化进程下，综合能源、电储能、电动汽车等新兴产业助推新一轮科技革命。以电为核心的能源互联网能够为各类用户提供全方位的综合能源服务；更多先进技术的应用将显著更新能源产业格局。同时，电气化也将催生出新的经济模式，使大量交会于多种能源与电力的商业实践成为可能。电气化将促进资源配置方式、能源市场运行机制与监管制度模式等诸多方面的转型，推动能源电力全产业链协同发展，不断激发经济增长新活力。

3. 促进生态环境改善

电气化推动能源绿色低碳转型，有利于改善环境质量、应对气候变化。利用清洁能源替代传统化石能源发电，促进更多的清洁能源转化为电力，在推动低碳发展的同时，显著降低二氧化硫、氮氧化物、可吸入颗粒物等大气污染物的排放。新时期电气化发展的内涵契合绿色发展理念，绿色是构筑人与自然和谐共生的基础，也是电气化发展的本色。这其中，以风、光、水、核、天然气、生物质等清洁能源为主体的发电能源清洁化作为改善生态环境的重要途径，推动形成以绿色低碳电力为主体的终端用能新格局，对改善环境质量和应对气候变化产生积极影响。

4. 推动人类文明升级

电气化促进人类对能源与信息、生产与消费、共性与个性等诸多难以统筹兼顾的关系进行紧密调和。电气化发展不断催生电力新模式和新业态，推动人们不断打破既有思维的束缚。未来随着新兴多学科和跨学科技术不断涌现，将不断更新人类已有的能源电力知识体系。电气化发展理念被广泛接受，并促使人类在开发清洁能源、使用绿色电力的过程中培育清洁低碳的发展理念与高效节约的用能意识。绿色电能将促进不同国家和地区文明协同进步，推动人类文明迈上新台阶。

第二章　电气化进程评价

一、电气化进程评价指标体系

本报告结合新时期电气化发展内涵与主要特征，为了系统、量化地反映我国电气化发展现状与特点，遵循全面性、客观性、指导性与前瞻性原则，围绕电力供应、电力消费与可持续发展3个电气化发展重点领域，在电气化传统特征指标的基础上梳理、升级、提炼后，形成电气化进程评价指标体系。

在电力供应侧，本报告以扩大清洁能源利用规模为导向，保留了发电能源占一次能源消费比重这个传统电气化发展的重要指标，来反映电力在能源系统中的地位。同时，考虑到新时期电气化发展强调电力供应的绿色低碳，本报告设置了清洁能源发电装机占比、清洁能源发电量占比与风光水电利用率3项指标，以反映清洁能源发电的供应能力与利用水平。在此基础上，本报告考虑到安全可靠供电对经济社会发展的重要影响，引入了平均供电可靠率指标。

在电力消费侧，本报告以提高终端用能电气化水平为目标，保留了电能占终端能源消费比重这个传统电气化发展的重要指标，同时引入了人均用电量指标来反映人均用电水平。在此基础上，本报告重点围绕电气化发展在电力消费侧开展的电能替代、节能节电、电力需求侧管理、提升终端电力获得感等重点实施路径，设置了全行业用电占用能比重、单位GDP（国内生产总值）电耗与获得电力指数3项指标。

在可持续发展层面，本报告以持续开展电力普遍服务、深化市场化改革与推动低碳电力发展为引领，重点关注居民城乡户均用电装接容量、居民生活用电水平、用户综合用电成本、低碳电力供应对碳减排的贡献等核心内容，设置了城乡居民户均用电装接容量、人均生活用电量、销售电价、单位火电发电量二氧化碳排放强度以及单位发电量二氧化碳排放强度5项评价指标。

电气化进程评价指标体系见表2-1，电气化发展内涵主要名词的含义详见附录1，电气化进程评价指标说明详见附录2。

表 2-1　电气化进程评价指标体系

序号	一级评价指标	二级评价指标
1	电力供应	发电能源占一次能源消费比重
2		清洁能源发电装机占比
3		清洁能源发电量占比
4		风光水电利用率
5		平均供电可靠率
6	电力消费	电能占终端能源消费比重
7		全行业用电占用能比重
8		人均用电量
9		单位 GDP 电耗
10		获得电力指数
11	可持续发展	城乡居民户均用电装接容量
12		人均生活用电量
13		销售电价
14		单位火电发电量二氧化碳排放强度
15		单位发电量二氧化碳排放强度

电气化进程评价指标体系包含 3 项一级评价指标和 15 项二级评价指标，评价指标的遴选充分考虑新形势下的全球电气化发展趋势，涵盖电气化发展的核心内容，通过各类指标量值的变化，反映电气化在相关领域的发展趋势。同时，在展望篇中对部分评价指标进行预测，为研判我国电气化发展趋势、制定电气化中长期发展目标提供参考。

综合考虑评价指标的代表性、可计量性、可对比性与引导性，选取发电能源占一次能源消费比重、电能占终端能源消费比重、清洁能源发电装机占比、平均供电可靠率、人均生活用电量与单位发电量二氧化碳排放强度作为电气化进程评价典型特征指标，这 6 项指标是量化反映电气化发展进程的重要判别依据。

二、主要评价指标国际对比

开展电气化发展进程主要评价指标国际对比，在此过程中，不同国家在电气化重点领域的发展水平可以得到量化展现。同时，有关对比结论为我国电气化发展补齐短板、树立“标杆”提供参考依据，对提升我国电气化发展水平具有指导作用。综合考虑评价指标的代表性、可计量性、可对比性与引导性，选取清洁能源发电装机占比、清洁能源发电量占比、电能占终端能源消费比重、工业用电占工业终端用能比重（结合国际数据的可获取性，在开展主要评价指标国际对比时，采用“工业用电占工业终端用能比重”指标代替电气化进程评价指标体系中的“全行业用电占用能比重”指标）、单位 GDP 电耗、人均生活用电量、销售电价以及单位发电量二氧化碳排放强度 8 项主要评价指标进行国际对比。与此同时，统筹世界范围内不同国家的社会发展阶段、能源资源禀赋、人民生活水平，选取中国、美国、德国、日本 4 个国家构成对比样本。

从对比结果来看，近年来我国通过广泛实施电能替代，带动电能占终端能源消费比重逐步提升，并已基本与美国、德国处于同一水平区间；工业用电占工业终端用能比重稳步提高，并已基本与美国处于统一水平区间；多措并举降低用户综合用能成本，销售电价低于德国、日本，与美国大体相当；通过大力发展非化石能源，带动清洁能源发电装机占比与清洁能源发电量占比快速提升；通过积极发展低碳电力，促进单位发电量二氧化碳排放强度稳步下降，与美国、德国、日本的差距正在逐步缩小；单位 GDP 电耗大幅高于美国、德国、日本；人均生活用电量与美国、德国、日本相比差距明显，后续具有很大的提升潜力。

1. 清洁能源发电装机占比①

清洁能源发电装机占比方面，德国凭借高比例风电及太阳能发电装机的结构优势，清洁能源发电装机占比在 4 国中处于领先；美国受益于天然气资源的高禀赋，同时掌握国际领先的重型燃气轮机技术，其气电装机规模已占到全部清洁能源发电装机的近 6 成，拉动其清洁能源发电装机占比于 2015 年超过 70%，并紧随德国之后；日本自 2010 年以来，清洁能源发电装机占比始终高于 50%，且呈现出稳中有升的发展态势；我国 2016 年清洁能源发电装机占比已接近 40%，整体水平在发展中国家处于领先地位。

2014—2016 年中国、美国、德国和日本 4 个国家清洁能源发电装机占比对比见图 2 – 1。

① 结合国际数据的可获取性，该项指标未纳入各国的生物质发电装机容量进行指标计算与对比，后文描述我国清洁能源发电装机占比时，纳入了生物质发电装机容量，因此指标量值与图 2 – 1 中所示数值存在差异。

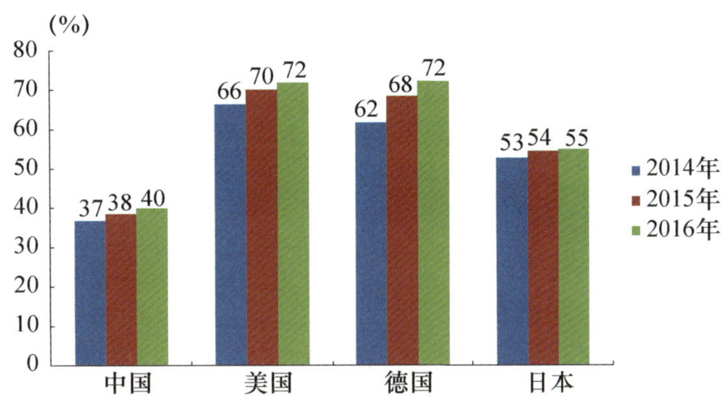

图 2－1　2014—2016 年中国、美国、德国和日本 4 个国家清洁能源发电装机占比对比

（数据来源：美国、德国、日本数据根据国际能源署历年统计数据计算得出，

中国数据根据中电联 2014—2016 年《电力工业统计资料汇编》统计数据计算得出）

2. 清洁能源发电量占比①

清洁能源发电量占比方面，美国依托气电与核电的高效利用，促进清洁能源发电持续保持高水准的电量产出效益，其清洁能源发电量占比是 4 个国家中唯一超过 60% 的国家，清洁电力供应优势显著；日本凭借高比例水电与核电装机持续稳定的电量供应，2016 年清洁能源发电量占比 54.9%，比德国高出 4 个百分点；我国的清洁能源发电量占比近年来持续较快提升，随着后续电力系统的清洁能源消纳能力日益提高，我国的清洁能源发电量占比仍有很大的提升空间。

2014—2016 年中国、美国、德国和日本 4 个国家清洁能源发电量占比对比见图 2－2。

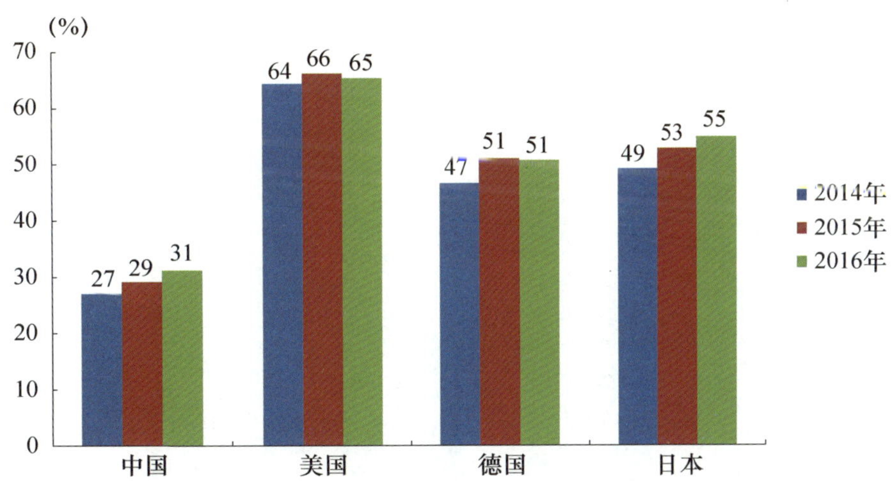

图 2－2　2014—2016 年中国、美国、德国和日本 4 个国家清洁能源发电量占比对比

（数据来源：美国、德国、日本数据根据国际能源署历年统计数据计算得出，

中国数据根据中电联 2014—2016 年《电力工业统计资料汇编》统计数据计算得出）

① 结合国际数据的可获取性，该项指标未纳入各国的生物质发电量进行指标计算与对比，后文描述我国清洁能源发电量占比时，纳入了生物质发电量，因此指标量值与图 2－2 中所示数值存在差异。

3. 电能占终端能源消费比重

作为反映电气化进程的重要特征型指标，提高电能占终端能源消费比重已成为世界各国提升电气化水平的普遍选择。全球电能占终端能源消费比重长期保持稳步上升的态势。近年来发达国家的增长趋势逐步趋稳，处于工业化后期发达国家的电能占终端能源消费比重总体处于20%～30%的区间内。发展中国家主要受工业化进程与新兴市场推动，相比于发达国家，其电能占终端能源消费比重的增长趋势更为明显，成为全球电气化水平提升的重要驱动力。

在同一统计周期内，参与对比的4个国家中，日本该项指标最优，已逐步趋近30%；我国通过广泛实施电能替代，带动电能占终端能源消费比重逐步提升，并已与美国、德国处于22%左右的同一水平区间内。考虑到美国与德国的能源需求趋于饱和，终端用能结构保持相对稳定，在一定程度上抑制了电能占终端能源消费比重的进一步提高。有关研究表明，我国电能替代理论可替代潜力为4.6万亿千瓦时，技术可替代潜力为2.4万亿千瓦时。因此，作为优化终端能源结构的重要抓手，在工（农）业生产制造、交通运输、建筑、居民生活等重点领域持续挖掘电能替代潜力、扩大电能替代范围、持续提升电能占终端能源消费比重仍将大有可为。

2014—2016年中国、美国、德国和日本4个国家电能占终端能源消费比重对比见图2－3。

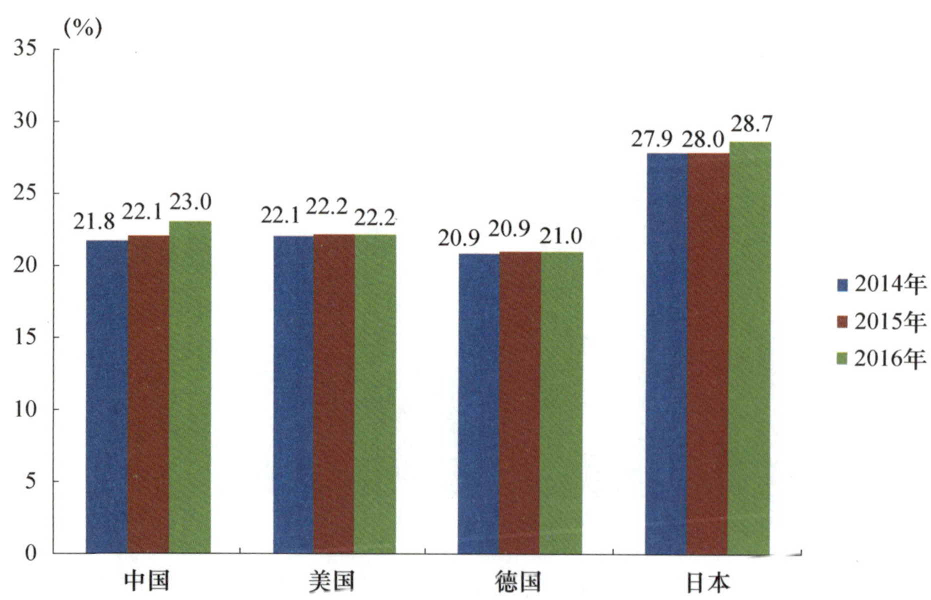

图2－3　2014—2016年中国、美国、德国和日本4个国家电能占终端能源消费比重对比

（数据来源：美国、德国、日本数据根据国际能源署历年统计数据计算得出，中国数据取自中电联2018年《电力工业统计资料汇编》）

4. 工业用电占工业终端用能比重[①]

作为反映工业部门电气化水平的重要评价指标，工业用电占工业终端用能比重方面，日本和德国凭借先进的工业制造水平与高端的工业产业结构，其工业部门的电气化进程也快于美国和中国。2016 年，日本和德国的工业用电占工业终端用能比重均已超过 35%；我国近年来在工业生产制造领域积极开展“以电代煤”和“以电代油”，并取得积极的实施成效，工业用电占工业终端用能比重稳步上升，与美国的差距正逐步缩小。

2014—2016 年中国、美国、德国和日本 4 个国家工业用电占工业终端用能比重对比见图 2－4。

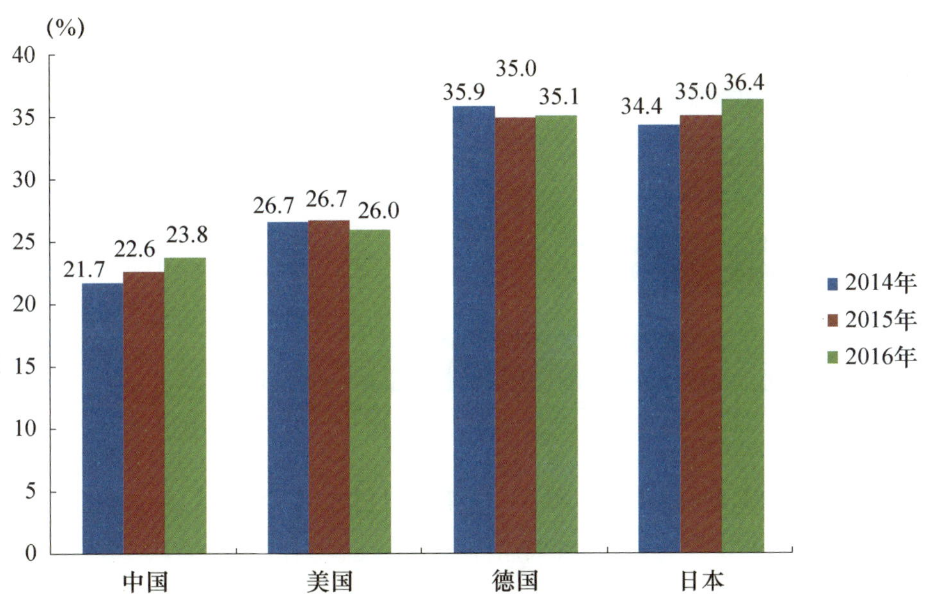

图 2－4　2014—2016 年中国、美国、德国和日本 4 个国家工业用电占工业终端用能比重对比

（数据来源：美国、德国、日本数据根据国际能源署历年统计数据计算得出，中国数据根据中电联 2014—2016 年《电力工业统计资料汇编》与国家统计局《中国能源统计年鉴 2018》统计数据计算得出）

5. 单位 GDP 电耗[②]

单位 GDP 电耗方面，德国通过健全节能－能效法律制度与监管体系，实施各类有针对性的能源效率，促进项目与能够激发企业内在动力的“促进能效自愿协议”，

---

① 结合国际数据的可获取性，该项指标采用各国工业终端能源消费量作为统一标尺进行对比，报告后文描述我国工业部门电气化水平时，仍采用工业部门能源消费总量作为工业部门用电占部门用能比重的计算因子，因此指标量值与图 2－4 中所示数值存在差异。

② GDP 按汇率法计算，以 2010 年美元为不变价。

德国在欧洲甚至全球能效领域一直处于领先地位，带动其单位 GDP 电耗处于更低水平；日本政府从第一次世界石油危机开始就出台了一系列法律、法规，构建了完整的能效监管体系，创新性地提出能源管理师制度，并通过融洽的政企关系与适当的激励实现了能效技术的提升与推广，其单位 GDP 电耗基本与德国处于同一水平区间；自 1970 年节约能源的概念提出以来，美国能源管理机构出台了一系列节能举措并取得了显著的实施成效，其单位 GDP 电耗长期低于世界平均水平；我国长期高度重视节能与能效工作，主要集中在工业节能节电技术与产品替代方面，单位 GDP 电耗稳中有降的同时，与发达国家相比差距仍然明显。

2014—2016 年中国、美国、德国和日本 4 个国家单位 GDP 电耗对比见图 2－5。

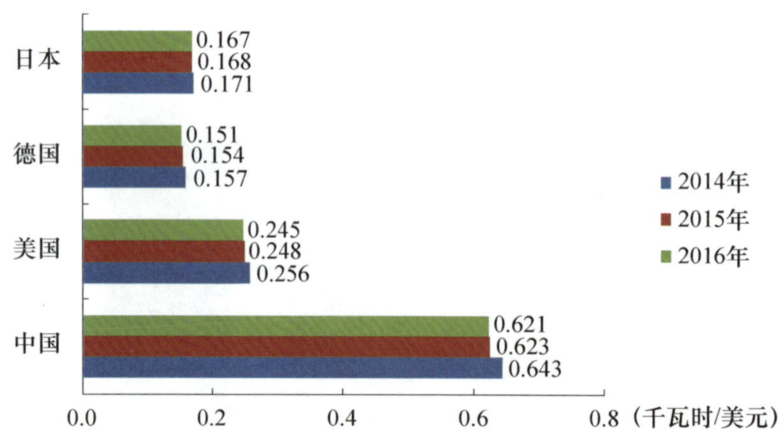

图 2－5　2014—2016 年中国、美国、德国和日本 4 个国家单位 GDP 电耗对比

（数据来源：2014 年数据取自国家统计局《中国能源统计年鉴 2017》，2015 年和 2016 年数据取自国家统计局《中国能源统计年鉴 2018》）

6. 人均生活用电量

人均生活用电量方面，美国长期以来形成的以高功耗电器为主的居民用电方式带动其人均生活用电量大幅高于其他 3 个国家，2010 年以来，美国人均生活用电量长期稳定处于高位区间；日本受到电力在本国能源消费结构中逐步发挥主导作用的影响，发达的电器制造产业促进了家用电器的普及，使得人均生活用电量保持较高水准；我国受到人口基数庞大，地区间经济、社会发展水平差异明显等因素的影响，人均生活用电量显著低于其他 3 个国家，后续随着我国居民生活电气化水平的持续快速提升，同时人口总量逐渐趋稳，将带动人均生活用电量进一步提升。从中长期来看，我国的人均生活用电量有望赶上德国、日本水平区间。

2014—2016 年中国、美国、德国和日本 4 个国家人均生活用电量对比见图 2－6。

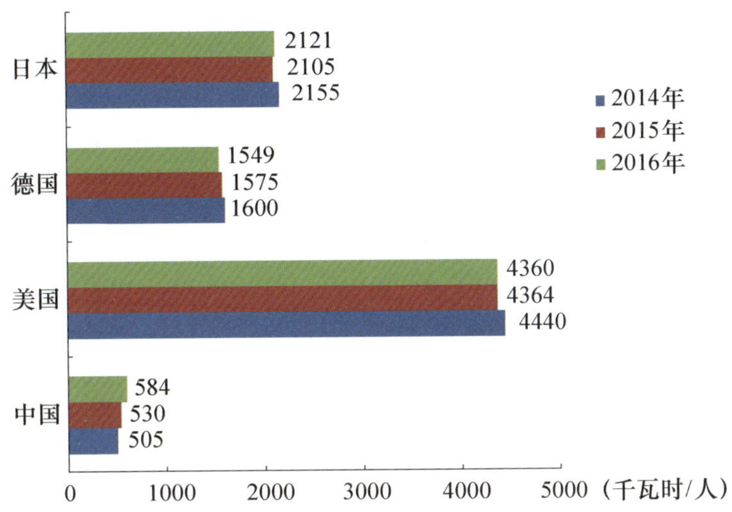

图2－6　2014—2016年中国、美国、德国和日本4个国家人均生活用电量对比

（数据来源：美国、德国、日本数据根据国际能源署历年统计数据计算得出，
中国数据取自中电联2014—2016年《电力工业统计资料汇编》）

7. 销售电价

销售电价方面，日本由于一次能源短缺，主要依赖进口，致使发电价格较高，同步抬高了销售电价；德国在电价中征收了占比接近50%的高额税费，同时，近年来为大力支持可再生能源发展，德国在电价中征收了较高的可再生能源附加，约占德国销售电价的三分之一，约占电价中征收税费的三分之二，致使德国销售电价在全球范围内处于高位水平；我国销售电价在国际上处于中等偏下水平，低于绝大多数发达国家，与美国大体相当，高于发展中国家，但主要受用户间交叉补贴与电力体制差异影响，我国与美国销售电价存在很大的结构差异。

2015—2017年中国、美国、德国和日本4个国家销售电价对比见图2－7。

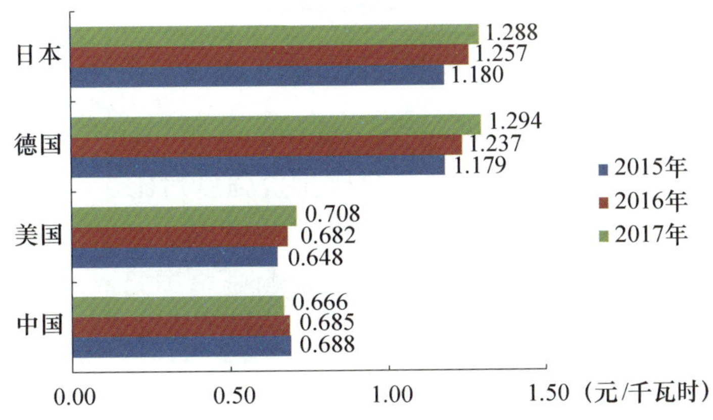

图2－7　2015—2017年中国、美国、德国和日本4个国家销售电价对比

（数据来源：美国、德国、日本数据取自国际能源署历年统计数据，
中国数据取自国家能源局历年《全国电力价格情况监管通报》）

8. 单位发电量二氧化碳排放强度

单位发电量二氧化碳排放强度方面，德国凭借其积极发展可再生能源的总体能源战略，单位发电量二氧化碳排放强度长期处于低位区间；美国得益于其高比例的清洁能源发电量，单位发电量排放强度与德国基本相当，近年来德美两国的单位发电量二氧化碳排放强度均低于500克/千瓦时；我国通过大力发展非化石能源、推动煤电清洁化利用以及技术进步、管理优化等措施，2010年以来单位发电量二氧化碳排放强度已累计下降超过100克/千瓦时，且呈现出持续下降态势，正在逐步缩小与发达国家的差距。同时，受到煤电将长期作为我国电力供应基础性电源的影响，我国的单位发电量二氧化碳排放强度预计仍将在一定时期内高于美国、德国、日本等发达国家。

2013—2015年中国、美国、德国和日本4个国家单位发电量二氧化碳排放强度对比见图2-8。

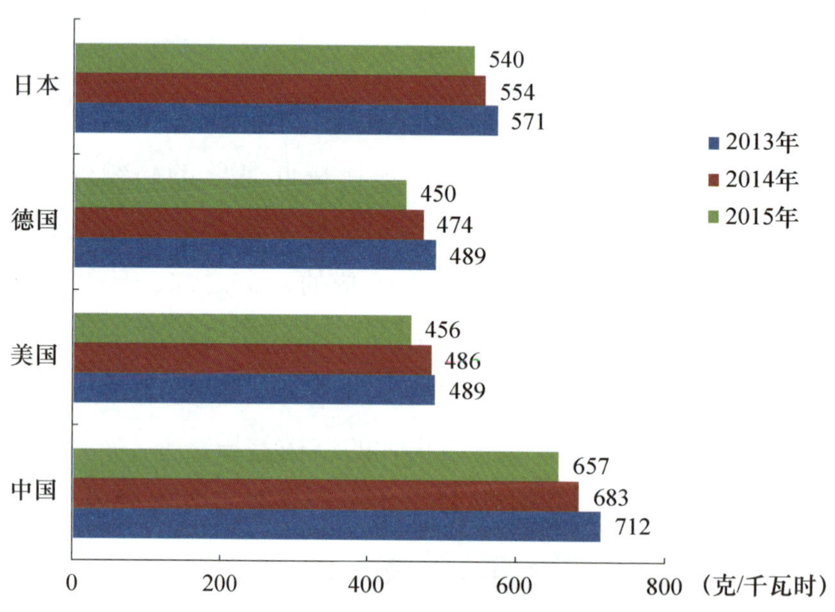

图2-8　2013—2015年中国、美国、德国和日本4个国家单位发电量二氧化碳排放强度对比

（数据来源：取自国际能源署《燃料燃烧产生的二氧化碳排放2018》，其中中国数据含香港地区）

三、电气化进程划分与评价

以第二次工业革命以来的电气化发展历程为基本遵循，以全球能源转型与应对气候变化的主要目标为导向，可以将电气化进程划分为电气化前期、电气化中期初级、中期中级、中期高级和电气化后期5个阶段。基于电气化进程阶段划分与评价指标体系，构建电气化进程指数，结合电气化进程各阶段典型特征指标区间，量化展现不同国家的电气化发展所处的进程阶段。研究结果显示，参与对比的中国、美国、德国、日本4个国家的电气化进程都在朝向更高层级推进；作为发展中国家，我国电气化进程与美国、德国、日本等发达国家相比，仍然存在一定的滞后，但与发达国家的差距也呈现出逐步缩小的趋势。

1. 电气化进程划分

自18世纪60年代工业化起始以来，世界能源工业快速发展，彼时的电气化发展也更多地聚焦在通过扩大电能利用规模以提高社会生产力与生产效率。进入21世纪以来，人类更加认识到高碳化石能源的供应、转换、传输和使用是导致气候变化的主要原因之一。当今全球温室气体排放量中由能源系统产生的温室气体约占60%，促使人类对应对气候变化的关注达到空前的高度，进而寻求通过推动全球能源绿色低碳转型与科技革命来有效降低碳排放总量和强度，在此过程中，电气化发展也同步迈向更高层次。特别是2015年通过的《巴黎气候变化协定》，主要目标是将21世纪全球平均气温上升幅度控制在2℃以内，并将全球气温上升控制在前工业化时期水平之上1.5℃以内。以此为引领，新时期电气化发展为人类转变传统高碳型用能方式、应对气候变化、实现可持续发展提供了可行方案。

电气化进程划分也是在此重大背景下开展的创新性研究。以电气化发展内涵的衍变为主线，以第二次工业革命引发的电能广泛利用为起始，综合考虑全世界主要国家的清洁能源发电供应能力、安全可靠供电能力、电能占终端能源消费比重、人均生活用电量以及电力行业碳排放强度等电气化发展典型特征，将电气化主体进程划分为电气化前期、电气化中期和电气化后期，其中，与现阶段能源电力发展关系最为紧密的电气化中期细分为中期初级阶段、中期中级阶段与中期高级阶段，见图2－9。

图2－9 电气化进程

电气化进程评价典型特征指标量值区间划分见附录3。

2. 主要国家电气化进程评价

构建电气化进程指数，用以量化展现不同国家在同一时期所处的电气化进程阶段。电气化进程指数数值范围处于50～100之间，不同的指数区间代表被评价主体处于对应的电气化进程阶段。同时，电气化进程指数的高低可以有效体现出不同国家之间的电气化进程差异。

电气化进程指数的详细定义和综合计算方法，电气化进程阶段对应指数区间见附录4。

（1）主要国家电气化进程

从电气化进程指数测算结果来看，中国、美国、日本、德国4个国家中，美国、日本、德国3国作为传统发达经济体，电气化发展水平相对更高。我国作为发展中国家，电气化进程指数低于美国、德国、日本，随着近年来我国电气化进程的逐步加快，我国与发达国家的电气化进程差距正在逐步缩小。

以电力供应、电力消费、可持续发展3项电气化进程一级评价指标的分项测算结果作为反映各个国家电气化进程指数构成的重要表征，可以绘制每个国家的电气化进程指数特征化雷达图，见图2－10。

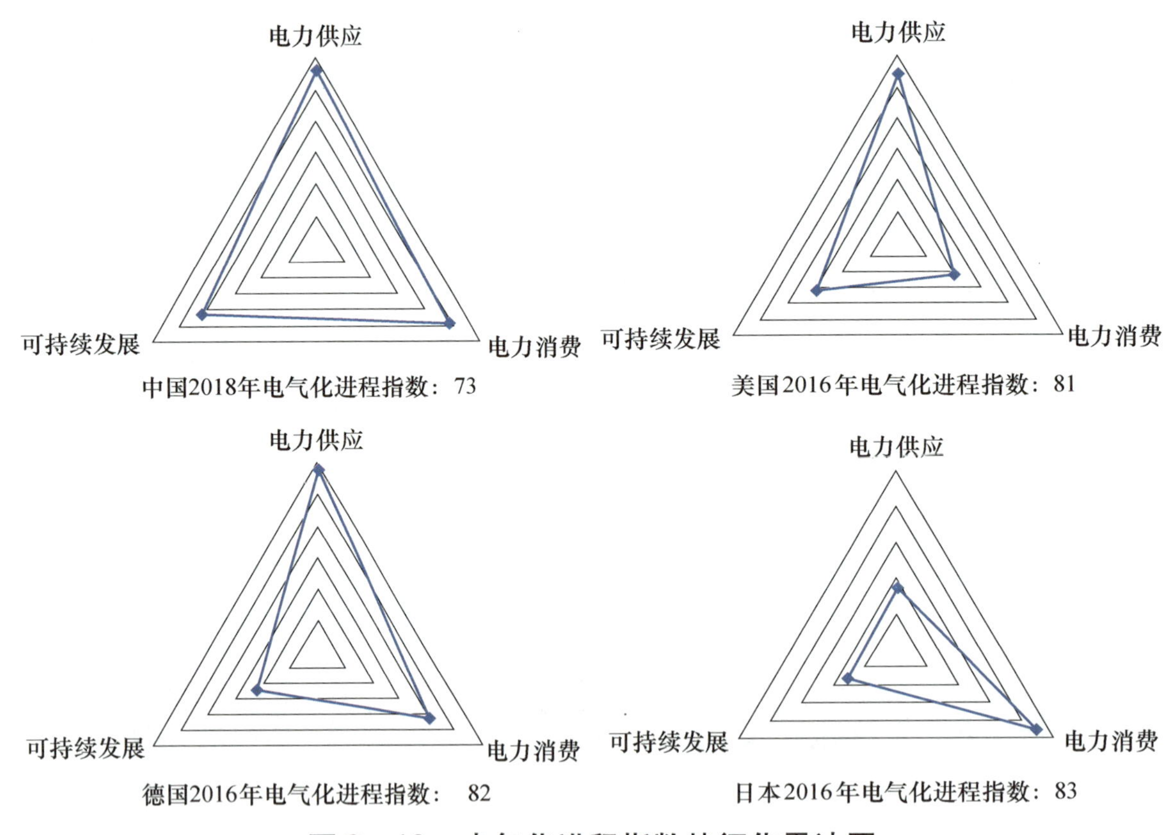

图2－10　电气化进程指数特征化雷达图

电气化进程指数特征化雷达图展现了构成电气化进程指数的电力供应、电力消费和可持续发展3个主要领域对指数形成的影响力。从中可以看出，我国电气化发展过程中，电力供应与电力消费对推动电气化进程的贡献度更大，美国、德国更多依托电力供应水平的提高来推动本国的电气化进程，日本的电气化发展则更多地受到其电力消费水平的影响。

根据中国、美国、德国、日本4国的电气化进程指数测算结果，结合电气化进程划分依据，可以得出4国各自所在的电气化进程阶段（2016—2018年），见表2-2。

表2-2　中国、美国、德国、日本4国电气化进程阶段（2016—2018年）

国家	时间	电气化进程阶段				
		电气化前期	电气化中期			电气化后期
			初级阶段	中级阶段	高级阶段	
中国	2018年			☆		
美国	2016年				☆	
德国	2016年				☆	
日本	2016年				☆	

从表2-2中4国各自所处的电气化进程阶段可以看出，就现阶段而言，受经济社会发展水平、能源转型等因素叠加影响，德国与日本已处于电气化中期高级阶段，电气化发展水平相对更高。伴随能源转型规模化利用清洁能源与优化终端用能结构，美国也基本从电气化中期中级阶段过渡到高级阶段。相比于美国、日本与德国，中国的电气化进程仍存在较为明显的滞后，总体处于电气化中期中级阶段。

（2）中国电气化进程

①国家层面

我国电气化进程的衍变与新中国电力工业的发展紧密关联。新中国成立70年来，我国电力工业取得举世瞩目的伟大成就，发展规模世界领先，实现了从落后、追赶到超越的跨越式发展，同步带动电气化进程不断推进。电气化发展也促进电力工业逐步加快绿色低碳转型，提高电力安全供应水平。2018年年底，我国水电、并网风电、并网太阳能发电装机容量均居世界第一；煤电装机容量占总发电装机容量比重由1949年的91%下降到2018年的53%；能源利用效率大幅提升，煤电污染物排放控制、二氧化碳排放控制达到世界先进水平，与世界主要国家相比，我国煤电发电效率仅低于日本，高于法国、德国、韩国等其他国家；全国线损率由1978年的9.64%降低至2018年的6.27%，居同等供电密度国家先进水平；电网始终保持安全稳定运行，供电能力和供电质量优于世界平均水平。

特别是“十二五”以来，随着我国大力发展可再生能源、全面开启智能电网建设、探索实施电能替代等战略举措陆续启动实施，电气化进程随之步入新的阶段并持续快速向前推进。通过对过去一段历史时期内我国电气化进程指数进行测算，同时结合同一时期各典型特征指标值对应的电气化进程阶段，对我国电气化进程指数测算结果进行验证结果表明，当前我国总体处于电气化中期中级阶段，后续推动电气化发展迈向更高层级仍然大有可为。

“十二五”以来我国电气化进程衍变见表 2-3。

表 2-3 “十二五”以来我国电气化进程衍变

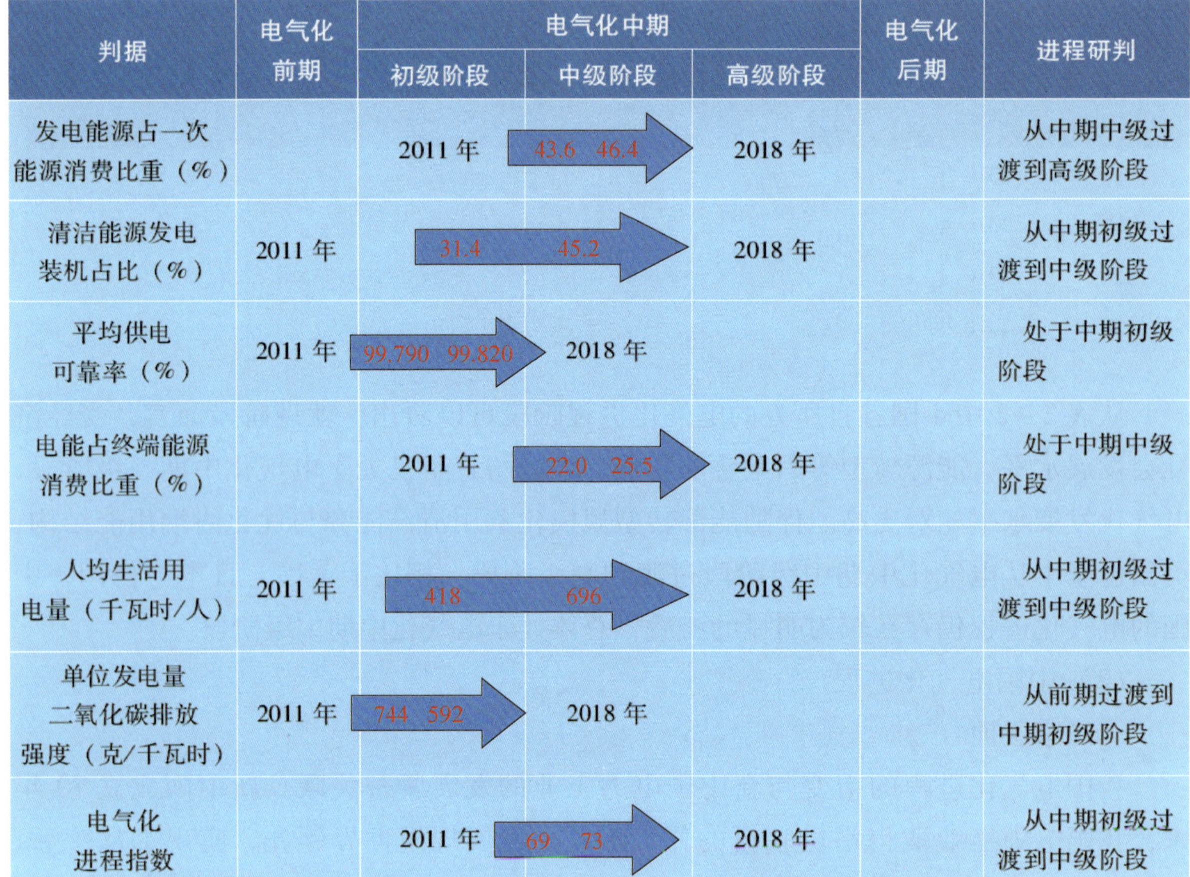

判据	电气化前期	电气化中期			电气化后期	进程研判
		初级阶段	中级阶段	高级阶段		
发电能源占一次能源消费比重（%）		2011 年	43.6 46.4	2018 年		从中期中级过渡到高级阶段
清洁能源发电装机占比（%）	2011 年	31.4	45.2	2018 年		从中期初级过渡到中级阶段
平均供电可靠率（%）	2011 年	99.790 99.820	2018 年			处于中期初级阶段
电能占终端能源消费比重（%）		2011 年	22.0 25.5	2018 年		处于中期中级阶段
人均生活用电量（千瓦时/人）	2011 年	418	696	2018 年		从中期初级过渡到中级阶段
单位发电量二氧化碳排放强度（克/千瓦时）	2011 年	744 592	2018 年			从前期过渡到中期初级阶段
电气化进程指数		2011 年	69 73	2018 年		从中期初级过渡到中级阶段

②区域层面

下面选取发电能源占一次能源消费比重、电能占终端能源消费比重与人均生活用电量 3 项电气化进程评价典型特征指标，从电力供应侧、电力消费侧与可持续发展层面多维度反映全国分区域①电气化水平。

发电能源占一次能源消费比重方面，受区域内布局多处电力外送基地，发电能源得以大规模利用的影响，西北区域该项指标在全国各区域中数值最高，2017 年达到 53%；南方区域得益于区内云南、贵州两省布局有大体量水电和煤电基地，带动发电能源占一次能源消费比重提高到 50% 以上；华东区域略高于全国平均水平；华

① 本报告将全国划分为华北、东北、华东、华中、南方、西北 6 个区域。其中华北区域包含北京市、天津市、河北省、山西省、内蒙古自治区、山东省；东北区域包含辽宁省、吉林省、黑龙江省；华东区域包含上海市、江苏省、浙江省、安徽省、福建省；华中区域包含江西省、河南省、湖北省、湖南省、重庆市、四川省、西藏自治区；南方区域包含广东省、广西壮族自治区、海南省、贵州省、云南省；西北区域包含陕西省、甘肃省、青海省、宁夏回族自治区、新疆维吾尔自治区。

北及东北区域低于全国平均水平。

2015—2017 年全国及分区域发电能源占一次能源消费比重见图 2 - 11。

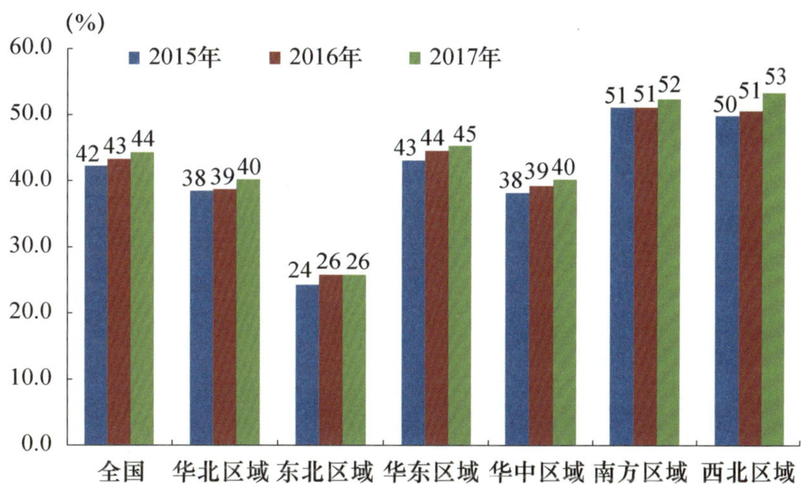

图 2 - 11 2015—2017 年全国及分区域发电能源占一次能源消费比重

（数据来源：各区域发电用能数据根据中电联 2015—2017 年《电力工业统计资料汇编》统计数据计算得出，各区域一次能源消费总量根据国家统计局历年《中国能源统计年鉴》统计数据计算得出）

电能占终端能源消费比重方面，华东区域基于更趋均衡产业结构，更加高端的产业构成，更高的综合能效水平，带动终端用能电气化程度逐步提高，电能占终端能源消费比重居各区域之首，2017 年达到 25. 5%，高出全国平均水平 1. 6 个百分点；南方区域电能占终端能源消费比重在 2015—2017 年累计提高了 1. 6 个百分点，增长幅度居各区域之首；华北区域电能占终端能源消费比重与全国平均水平基本持平；西北区域、华中区域与东北区域电能占终端能源消费比重低于全国平均水平。

2015—2017 年全国及分区域电能占终端能源消费比重见图 2 - 12。

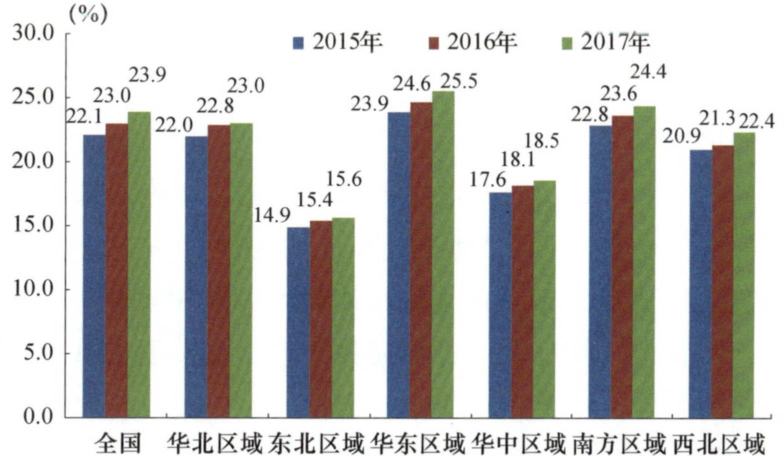

图 2 - 12 2015—2017 年全国及分区域电能占终端能源消费比重

（数据来源：各区域全社会用电量数据根据中电联 2015—2017 年《电力工业统计资料汇编》统计数据计算得出，各区域终端能源消费总量根据国家统计局历年《中国能源统计年鉴》统计数据计算得出）

人均生活用电量方面，经济发达的东部地区具备更高的城镇化水平，带动居民生活电气化水平全国领先，2018 年华东区域与华北区域人均生活用电量分别达到 938 千瓦时/人和 722 千瓦时/人，显著高于全国平均水平；南方区域人均生活用电量与全国平均水平基本持平；东北区域与西北区域人均生活用电量与全国平均水平存在一定差距，随着两个区域城镇化水平逐步提升与民生供电保障能力逐步提高，人均生活用电量存在很大的提升潜力。

2016—2018 年全国及分区域人均生活用电量见图 2 – 13。

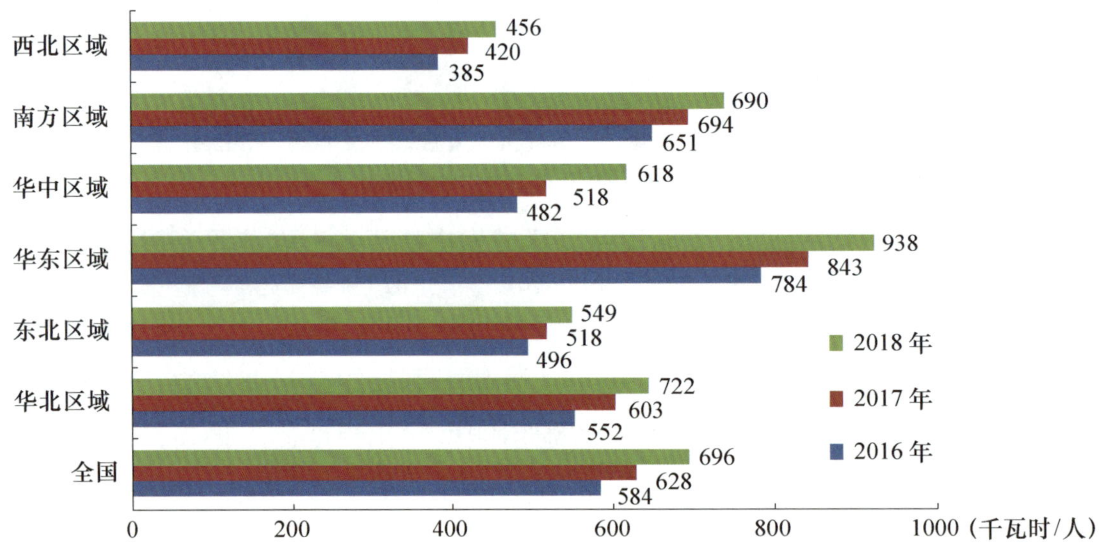

图 2 – 13　2016—2018 年全国及分区域人均生活用电量

（数据来源：各区域居民生活用电量数据根据中电联 2016—2018 年《电力工业统计资料汇编》统计数据计算得出，各区域人口数根据国家统计局历年《中国统计年鉴》统计数据计算得出）

总体来看，全国各区域的电气化发展进程基本与各区域的经济发展水平呈正相关关系，经济发达地区具有更高的电气化水平。在各区域中，华东地区与南方地区的电气化发展成效更加显著。同时，不同区域间的电气化发展存在明显差异，西北地区与南方地区的一次能源结构中发电用能占比更高，东南沿海地区的终端用能以及居民生活电气化水平显著高于西北地区与东北地区。

我国已全面建立了面向 2030 年的能源战略体系，制定了相关发展目标。这些目标层层分解并落地实施，必将对进一步凝聚关于电气化发展的共识，推动我国电气化进程，推动地区间电气化发展更趋平衡、更加协调产生积极影响。

我国“十三五”及中长期能源电力发展主要目标见表 2 – 4。

表 2 -4 我国“十三五”及中长期能源电力发展主要目标

类别	重点目标
能源消费总量	能源消费总量2020年控制在50亿吨标准煤以内，2030年控制在60亿吨标准煤以内，2050年能源消费总量基本稳定
非化石能源消费比重	非化石能源消费比重在2020年达到15%，2030年达到20%，2050年超过50%
能源利用效率	2020年单位国内生产总值能耗比2015年下降15%，2030年达到世界平均水平
单位产值碳排放	2020年单位国内生产总值的碳排放量比2015年下降18%，2030年比2005年下降60% ~65%
电力总量	到2020年，全社会用电量达到6.8万亿~7.2万亿千瓦时；全国发电装机容量达到20亿千瓦，人均装机突破1.4千瓦，人均用电量达5000千瓦时左右，城乡电气化水平明显提高，电能占终端能源消费比重达到27%
非化石能源发电装机规模	到2020年，风电装机达到2.1亿千瓦（海上风电装机500万千瓦左右）以上，太阳能发电装机达到1.1亿千瓦（分布式光伏装机达到6000万千瓦以上、光热发电装机500万千瓦）以上，核电装机达到5800万千瓦，生物质发电装机达到1500万千瓦左右
电网发展	到2020年，“西电东送”输电通道规模达到2.7亿千瓦左右。基本建成现代配电网，中心城市（区）供电可靠率达到99.99%，城镇地区供电可靠率达到99.9%，乡村地区供电可靠率达到99.72%
民生用电保障	2020年，电能替代新增用电量约4500亿千瓦时。充电基础设施可满足超过500万辆电动汽车的充电需求。完成全国小城镇和中心村农网改造升级、贫困村通动力电，实现平原地区机井用电全覆盖，东部地区基本实现城乡供电服务均等化，中西部地区城乡供电服务差距大幅缩小，贫困及偏远少数民族地区农村电网基本满足生产生活需要

第二篇 电力供应

新时期电气化发展以持续提高发电能源占一次能源消费比重为导向，在确保电力安全供应的基础上，利用多种先进清洁能源发电技术，扩大清洁能源开发利用规模；绿色低碳电力以智能电网为载体大范围优化配置；通过推进能源互联网建设，拓展综合能源服务业务，满足用户日益多元化的用能需求。

电气化发展在电力供应侧包含5项评价指标，分别为发电能源占一次能源消费比重、清洁能源发电装机占比、清洁能源发电量占比、风光水电利用率与平均供电可靠率。截至2018年年底，全国清洁能源发电装机占比为45.2%；2018年，全国发电能源占一次能源消费比重为46.4%，清洁能源发电量占比为34.0%，风光水电利用率达到94.6%，平均供电可靠率为99.820%。

第三章 电力供应概况

“十二五”以来，电气化发展在电力供应侧取得积极进展，电力供应为经济社会发展提供了有力支撑。发电能源占一次能源消费比重稳中有升，电力优化能源结构的作用不断增强。全口径发电量保持较快增长，清洁能源发电量占比不断提升，电源、电网发展规模世界领先，电力供应的综合成本逐步降低。

一、发电能源占一次能源消费比重

电气化进程下，电力供应转向清洁低碳的总体目标驱动非化石能源快速发展。“十二五”以来，我国水电、核电、风电、太阳能发电、生物质发电装机容量与发电量同步提高，拉动以发电能源为主体的非化石能源占一次能源消费比重逐步提高。同时，化解煤炭、煤电过剩产能促进了煤炭的集约高效利用，推动煤电产业优化升级，拉动发电用煤占煤炭消费比重持续提高。以上两类因素叠加影响，促进一次能源消费进一步向发电领域集中，发电能源占一次能源消费比重稳中有升。特别是进入“十三五”后，全国发电能源占一次能源消费比重持续提高，2018 年达到 46.4%，较 2010 年提高了 3.8 个百分点。

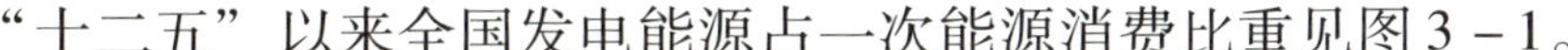

“十二五”以来全国发电能源占一次能源消费比重见图 3－1。

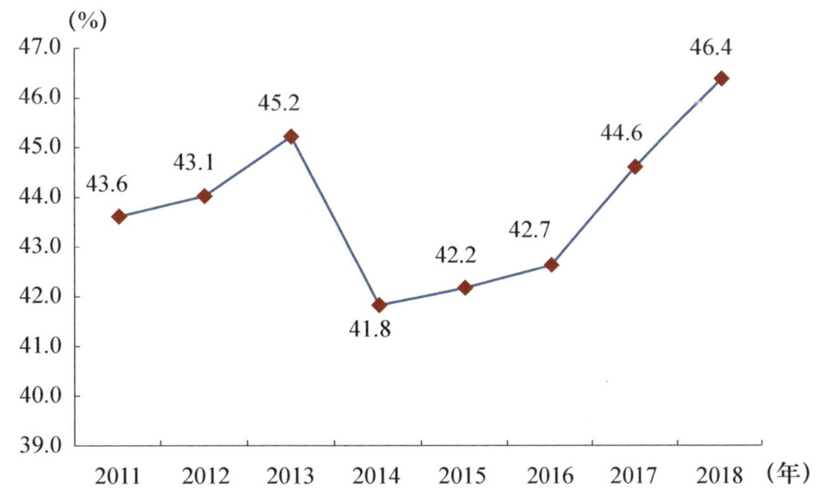

图 3－1 “十二五”以来全国发电能源占一次能源消费比重

（数据来源：2011—2017 年数据取自中电联历年《电力工业统计资料汇编》，2018 年数据根据国家统计局《中国统计年鉴 2019》统计数据数据计算得出）

二、发电量总览

1. 全口径发电量

“十二五”以来，我国全口径发电量保持较快增长，年均增速为6.5%，2018年全国全口径发电量为6.99万亿千瓦时，同比增长8.4%，发电量稳居世界第一。

“十二五”以来全国全口径发电量及增速见图3-2。

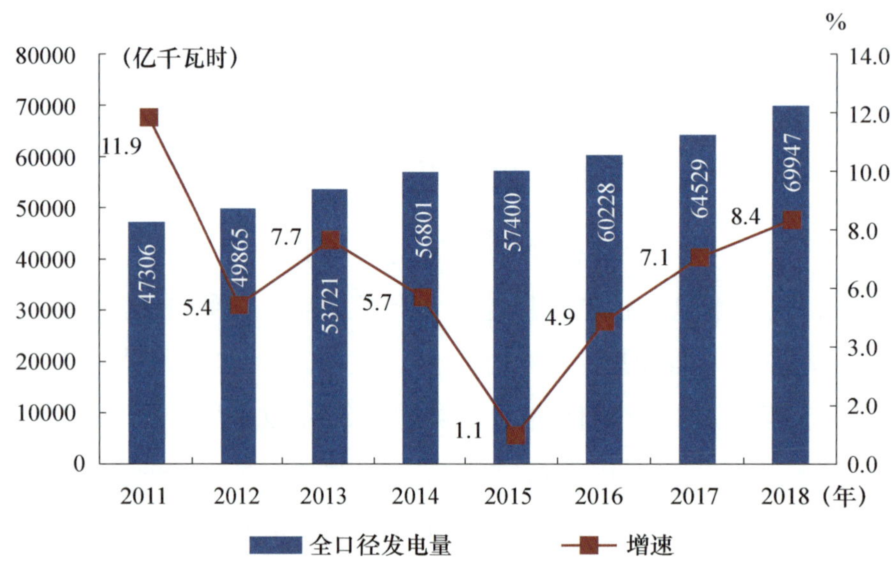

图3-2 “十二五”以来全国全口径发电量及增速

2. 发电量结构

2018年，火电、水电、核电、风电、太阳能发电量均保持增长势头，发电量分别比2017年增长7.4%、3.1%、18.9%、20.1%和50.2%。“十二五”以来，核电18.7%、风电28.4%和太阳能发电248.9%的发电量年均增速显著高于全口径发电量年均增速。

随着我国大力推动供给侧结构性改革，煤炭消费比重稳步下降，非化石能源快速发展，带动发电量结构更趋清洁、低碳。2018年，水电、核电、风电和太阳能发电占全口径发电量比重分别比2010年提高了1.4、2.5、4.1和2.4个百分点，火电发电量占比在2010—2018年累计降低了10.4个百分点。

“十二五”以来分类型发电量以及2010年与2018年全国发电量结构对比见图3-3和图3-4。

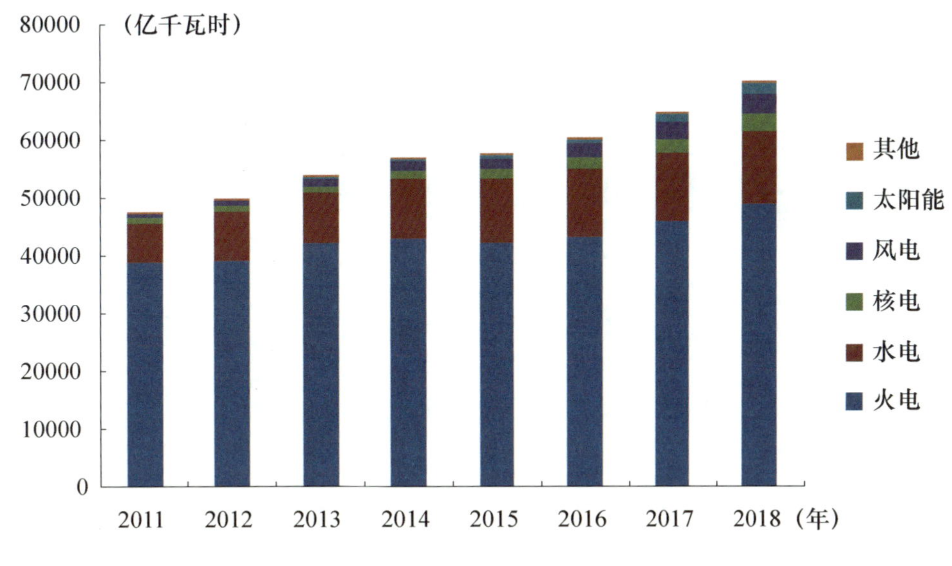

图3－3 “十二五”以来分类型发电量

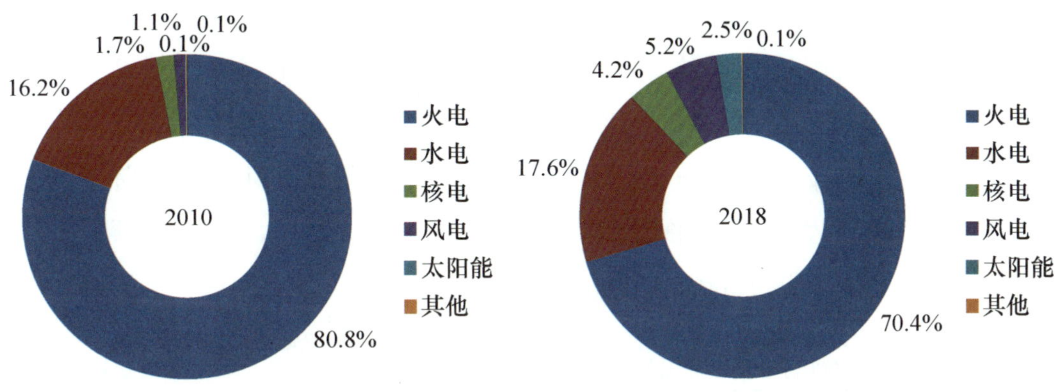

图3－4 2010年与2018年全国发电量结构对比

3. 发电设备利用小时

发电设备利用小时反映了各类发电设备的平均利用水平。“十二五”以来，在我国发电供应能力快速提升的同时，电力供需总体平衡，发电设备利用小时呈现逐步下降趋势，2018年全国6000千瓦及以上电厂发电设备平均利用小时为3880小时，比2010年降低770小时。其中，火力发电设备利用小时下降幅度最大，2018年全国6000千瓦及以上电厂火电设备平均利用小时为4378小时，比2010年降低653小时。

“十二五”以来全国6000千瓦及以上电厂发电设备平均利用小时见图3－5。

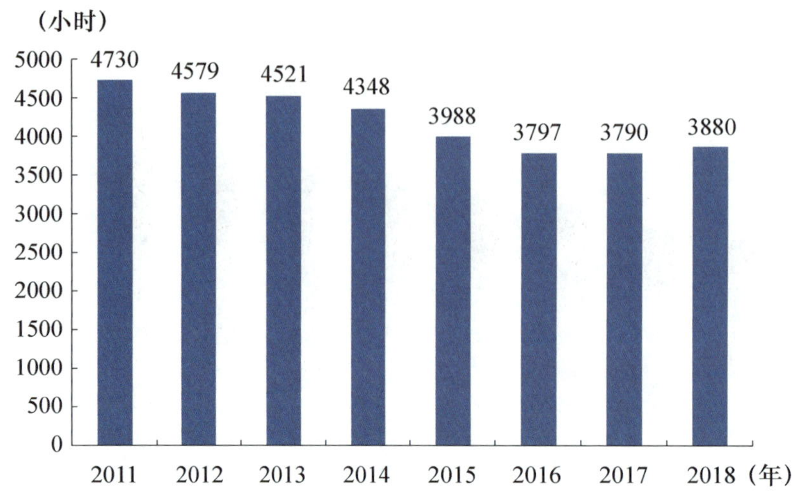

图 3－5　“十二五”以来全国 6000 千瓦及以上电厂发电设备平均利用小时

三、电源发展概况

以满足用户日益提升的用电需求为目标，我国电源建设全面推进。发电装机规模快速增长，电源结构持续优化，百万千瓦级超超临界燃煤二次再热技术、百万千瓦级水轮发电机组制造技术、第三代核电技术等多项发电技术居于国际领先水平，新型高效太阳能电池技术取得重要进展，技术进步与管理提升有效地降低了电源建设与运营成本，带动发电企业平均上网电价稳步下降。发电行业通过跨越式发展，为国民经济运行提供了坚实的电力供应保障，见图 3－6。

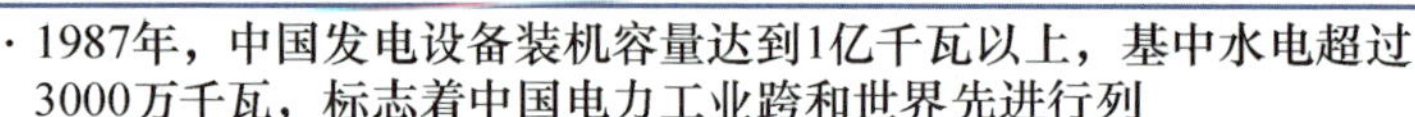

图 3－6　我国电源发展历程

“十二五”以来，全国发电装机容量年均增速8.8%，截至2018年年底，全国发电装机容量达到19.0亿千瓦，同比增长6.5%，发电装机容量稳居世界第一；全国人均装机1.36千瓦/人，比2017年增加0.08千瓦/人。

“十二五”以来全国发电装机容量及增速见图3-7。

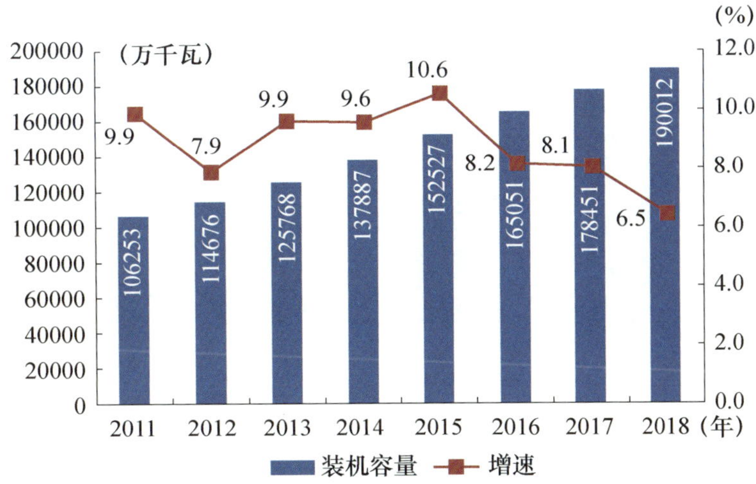

图3-7 “十二五”以来全国发电装机容量及增速

发电装机容量快速增长的同时，电源发展更趋多元，电源结构更加均衡，新能源发电装机占比快速提升。2018年，全国风电和太阳能发电装机容量占比分别比2010年提高了6.6和9.1个百分点，火电装机容量占比在2010—2018年累计降低了13.2个百分点。

2010年与2018年全国发电装机结构对比见图3-8。

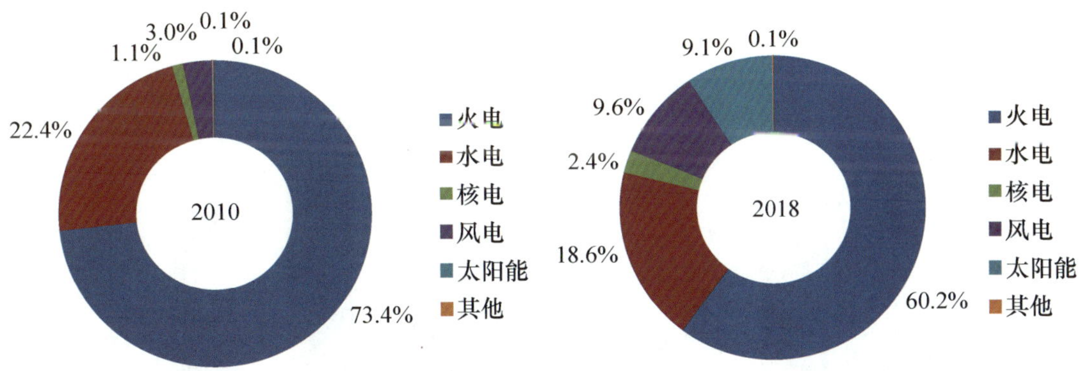

图3-8 2010年与2018年全国发电装机结构对比

“十三五”以来，发电技术进步与装备制造能力提高带动各类发电设备的单位千瓦造价持续下降，发电企业运营管理水平提升对降低电力生产成本起到积极推动作用，市场化交易促进电力资源优化配置，多种因素叠加影响下，发电企业平均上网电价总体呈现下降趋势。2018年全国发电企业平均上网电价为373.87元/千千瓦时，

“十三五”期间年均下降1.4%。

2015—2018年全国发电企业平均上网电价见图3-9。

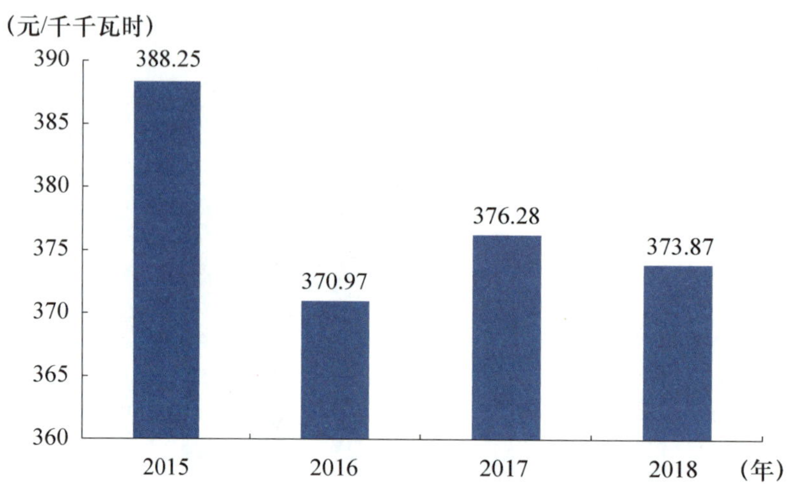

图3-9 2015—2018年全国发电企业平均上网电价

（数据来源：国家能源局年度《全国电力价格情况监管通报》）

各类电源的平均上网电价差异明显。2018年，光伏发电平均上网电价最高，为859.79元/千千瓦时；水电最低，为267.19元/千千瓦时。清洁能源中，风电、光伏发电、生物质发电的平均上网电价均显著高于全国平均水平，清洁能源相比于煤电具有更高的电力供应成本。尽管我国煤炭价格高于其他国家，但由于煤电机组造价相对偏低，综合发电成本处于全世界较低水平。

2017年与2018年全国分类型发电设备平均上网电价见图3-10。

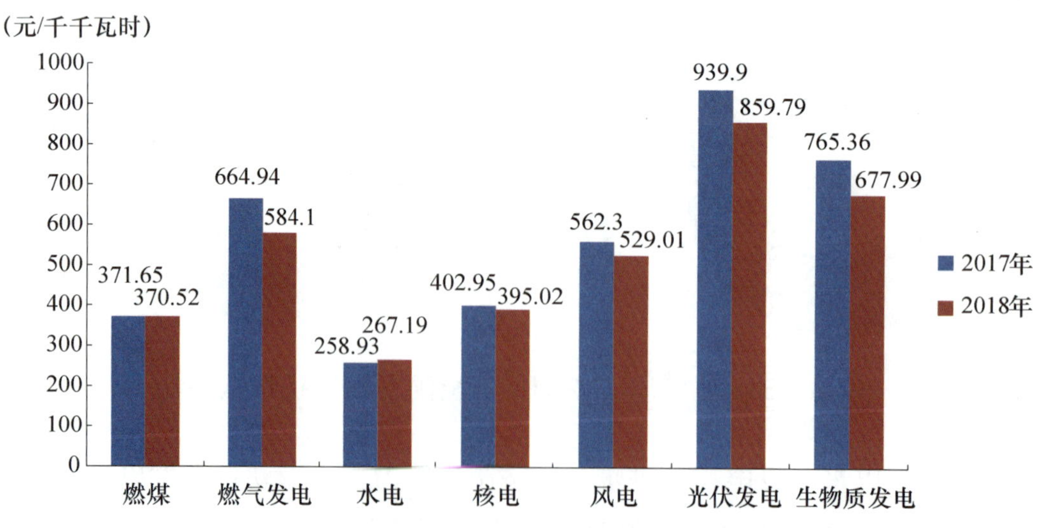

图3-10 2017年与2018年全国分类型发电设备平均上网电价

（数据来源：国家能源局年度《全国电力价格情况监管通报》）

四、电网发展概况

与电力资源优化配置的要求相适应，我国电网建设从规模到技术水平都取得了显著成就。电网规模快速增长，最高交流输电电压等级达到1000千伏，最高直流输电电压等级达到±1100千伏，均为国际领先水平。电网发展经历了传统电网向更高电压等级智能电网的发展历程，目前正处于以智能电网为基础的能源互联网建设起步阶段，见图3－11。

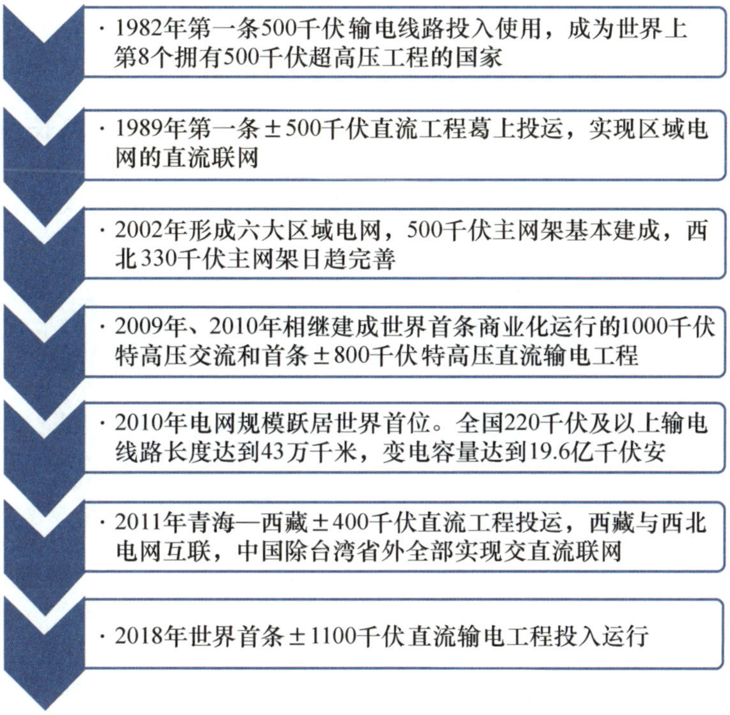

- 1982年第一条500千伏输电线路投入使用，成为世界上第8个拥有500千伏超高压工程的国家
- 1989年第一条±500千伏直流工程葛上投运，实现区域电网的直流联网
- 2002年形成六大区域电网，500千伏主网架基本建成，西北330千伏主网架日趋完善
- 2009年、2010年相继建成世界首条商业化运行的1000千伏特高压交流和首条±800千伏特高压直流输电工程
- 2010年电网规模跃居世界首位。全国220千伏及以上输电线路长度达到43万千米，变电容量达到19.6亿千伏安
- 2011年青海—西藏±400千伏直流工程投运，西藏与西北电网互联，中国除台湾省外全部实现交直流联网
- 2018年世界首条±1100千伏直流输电工程投入运行

图3－11　我国电网发展历程

“十二五”以来，全国220千伏及以上输电线路回路长度与220千伏及以上变电容量年均增速分别为6.2%和10.0%。截至2018年年底，全国输电线路回路长度与变电容量分别达到73万千米和43亿千伏安，为电力大范围输送与供应提供了有力保障。

“十二五”以来全国220千伏及以上输电线路回路长度和变压器容量见图3－12。

“十三五”期间持续加大配电网的投资建设力度：截至2018年年底，全国110千伏以下配电网输电线路回路长度为117万千米，110千伏及以下配电变压器容量为27亿千伏安，同比分别增长2.4%和4.5%，配电网供电可靠性同步提升，支撑分布式电源接入规模持续扩大。

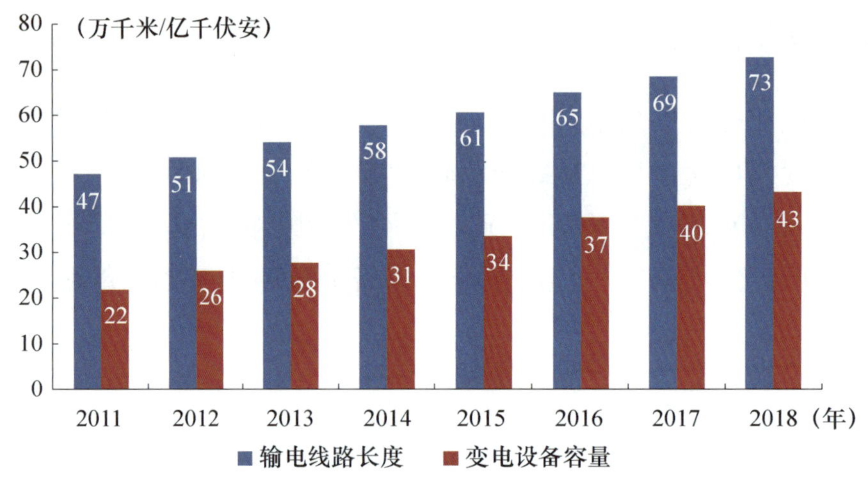

图 3－12　“十二五”以来全国 220 千伏及以上输电线路回路长度和变压器容量

2018 年全国 110 千伏以下配电网线路长度与变压器容量见图 3－13。

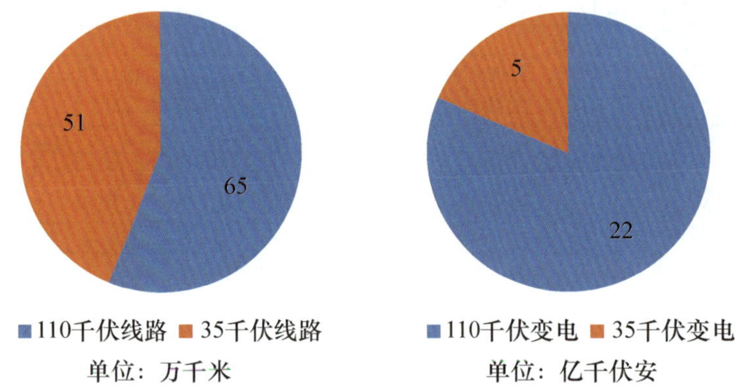

图 3－13　2018 年全国 110 千伏以下配电网线路长度和变压器容量

输配电价改革进一步深化：2018 年，在省级电网输配电价改革实现全覆盖的基础上，华北、东北、华东、华中、西北 5 大区域电网和 24 条跨省跨区专项工程输电价格陆续核定完毕，促进了跨省跨区电力交易。同时，历时 4 年的首轮输配电定价成本监审完毕，有效降低了社会用能成本，减轻了企业用能负担。

第四章　清洁能源发电

清洁能源发电为用户提供绿色低碳电力，是新时期电气化发展在电力供应侧的关键实施路径。“十二五”以来，我国清洁能源发电快速发展，清洁能源发电装机规模与发电量同步提升，清洁能源利用率稳步提高，为电气化发展助力能源绿色低碳转型做出了卓越贡献。

一、清洁能源发电概况

目前全世界碳排放总量中，电力行业的碳排放约占三分之一，因此电气化在助力能源转型的过程中，实现电力生产向绿色低碳转型已经在全球范围内形成普遍共识。作为电力生产大国，我国长期鼓励并推动以水能、风能、太阳能、核能、天然气和生物质能为主的清洁能源在发电领域的规模化利用，并取得积极成效。

“十二五”以来全国清洁能源发电装机及占比见图 4－1。

图 4－1　“十二五”以来全国清洁能源发电装机及占比

基于我国丰富的风、光、水等清洁能源资源优势，清洁能源发电装机规模与占比快速提高。全国清洁能源发电装机容量由 2011 年的 2.9 亿千瓦增加到 2018 年的 8.6 亿千瓦，“十二五”以来年均增速为 14.7%，显著高于全国发电装机容量 8.8% 的年均增速。清洁能源发电装机占比由 2010 年的 29.7% 提高到 2018 年的 45.2%，电源结构的清洁化态势清晰显现。

清洁能源发电量与清洁能源发电装机规模同步增长。2010—2018 年，全国清洁能源发电量由 0.9 万亿千瓦时增加到 2.4 万亿千瓦时，“十二五”以来年均增速为 12.8%，显著高于全国全口径发电量为 6.5% 的年均增速。全国清洁能源发电量占比由 2010 年的 21.4% 增加到 2018 年的 34.0%，目前在全球范围内处于较高水平。

“十二五”以来全国清洁能源发电量及占比见图 4 - 2。

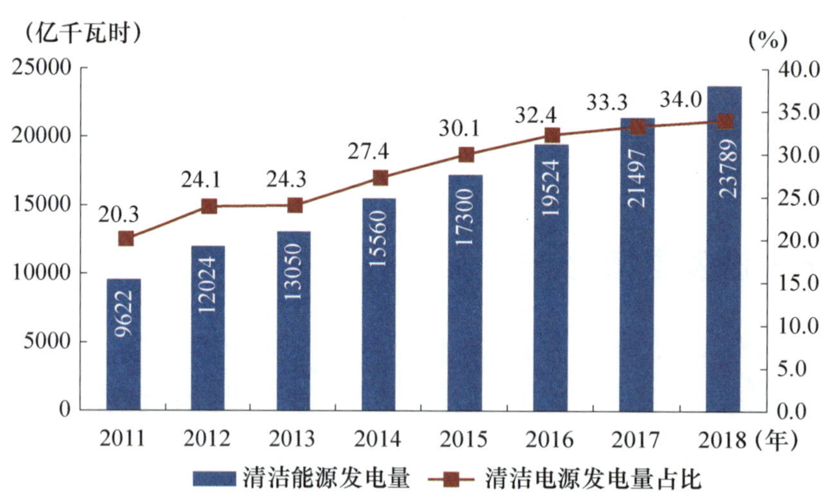

图 4 - 2 “十二五”以来全国清洁能源发电量及占比

二、清洁能源发电规模

1. 水电

我国水力技术可开发量为 6.87 亿千瓦，主要分布在西南、西北与华中地区，金沙江、雅砻江、大渡河、澜沧江、乌江、南盘江红水河、黄河上游、黄河北干流以及怒江等是我国重要的水电基地。截至 2018 年年底，全国水电总装机容量为 3.53 亿千瓦，其中常规水电为 3.23 亿千瓦，抽水蓄能电站为 2999 万千瓦。作为我国第二大电源，水电装机容量占发电总装机容量的 18.6%。2018 年，全国水电发电量为 1.23 亿千瓦时，占发电总量的 17.6%。

“十二五”以来，全国水电装机容量年均增速为 6.3%，其中“十二五”中期增速较快，随着金沙江、大渡河、乌江、南盘江红水河等水电基地大型电站的陆续投产，开发规模逐渐接近资源蕴藏容量，而怒江、雅砻江等剩余资源开发难度逐步增大，进入“十三五”后水电装机容量增长放缓。2018 年，全国新增水电装机 859 万千瓦，“十三五”以来水电装机容量年均增速为 3.3%。

“十二五”以来全国水电装机容量及增速以及水电发电量及增速见图 4 - 3 和图 4 - 4。

图4－3　“十二五”以来全国水电装机容量及增速

图4－4　“十二五”以来全国水电发电量及增速

我国水电发展已步入提质增效期，具有调节能力的大型水电站规模增加促进水电发电量增速高于装机总量增速。鉴于各年份主要干流来水量存在差异，水电发电量增速存在一定波动，“十二五”以来年均增速为7.6%，比水电装机容量年均增速高出1.3个百分点。2018年，全国水电发电量比2017年增加374亿千瓦时，“十三五”以来水电发电量年均增速为3.5%。

2. 风电

我国风能资源丰富，技术开发容量超过100亿千瓦。“三北”地区的黑龙江、吉林、辽宁、新疆、甘肃、河北等地和江苏东部沿海地区是主要的风电开发基地。截至2018年年底，全国风电装机容量为1.85亿千瓦，作为我国第三大电源，风电装机容量占发电总装机容量的9.7%。2018年，全国风电发电量为3658亿千瓦时，占全口径发电量的5.2%。

“十二五”以来全国风电装机容量及增速、风电发电量及增速见图4－5、图4－6。

图4－5　“十二五”以来全国风电装机容量及增速

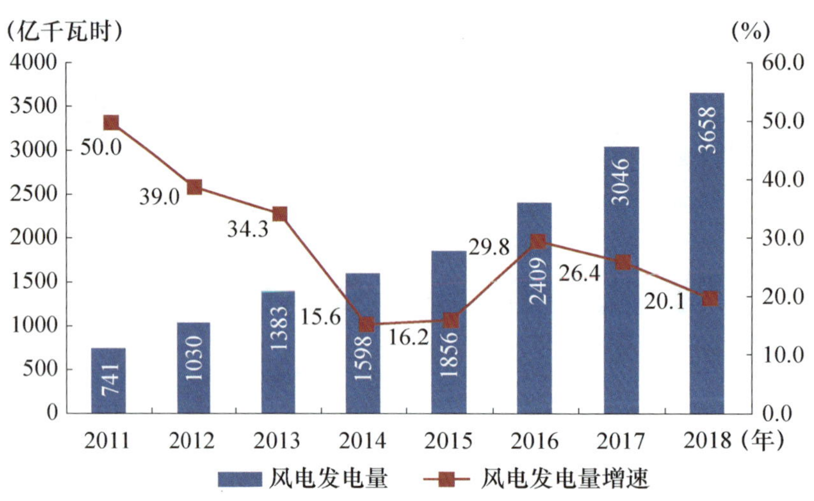

图4－6　“十二五”以来全国风电发电量及增速

“十二五”以来，全国风电装机容量年均增速为25.7%，在政策鼓励以及国产装备技术水平日益成熟等利好因素驱动下，“十二五”期间风电装机容量年均增速超过30%。进入“十三五”后，受电力消纳等因素影响，部分大型风电基地开发放缓，低风速地区的开发规模逐步增大。2018年，全国新增风电装机2127万千瓦，“十三五”以来风电装机容量年均增速为12.3%。

在机组容量大型化、发电效率提升等技术进步驱动与清洁能源消纳机制不断完善的带动下，“十二五”以来全国风电发电量年均增速为28.4%，比风电装机容量年均增速高出2.7个百分点。特别是“十三五”以来，风电发电量年均增速比装机容量年均增速高出1倍。2018年，全国风电发电量比上一年增加612亿千瓦时，“十三五”以来风电发电量年均增速为25.4%。

3. 太阳能发电

我国太阳能资源分布具有鲜明的地域特点：一是太阳总辐射的高值中心和低值中心均处于北纬22°~25°一带，青藏高原是高值中心，四川盆地是低值中心；二是太阳总辐射西部地区高于东部地区，基本上是南部地区低于北部地区（西藏自治区和新疆维吾尔自治区除外）。太阳能资源分布特点决定了我国太阳能发电在西部的新疆、甘肃、宁夏等地区以大规模集中开发利用为主，在江苏、浙江等东部地区以分布式开发利用为主。截至2018年年底，全国太阳能发电装机容量为1.76亿千瓦，占发电总装机容量的9.2%，2018年全国太阳能发电量为1769亿千瓦时，占全口径发电量的2.5%。

“十二五”以来全国太阳能发电装机容量及增速见图4-7。

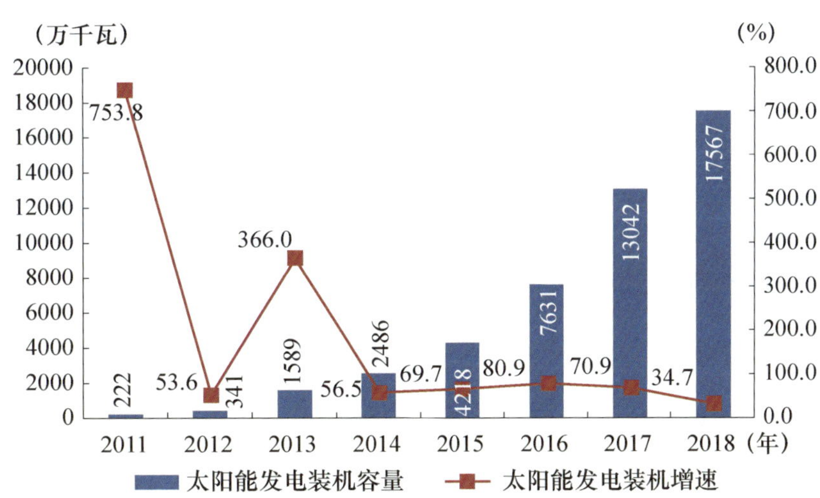

图4-7　“十二五”以来全国太阳能发电装机容量及增速

我国太阳能发电从“十二五”期间正式起步，装机容量由“十一五”末的不足百万千瓦，迅速增加到2015年年底的4218万千瓦。进入“十三五”后，太阳能发电继续保持快速发展，到2017年年底，我国提前三年实现电力发展“十三五”规划的太阳能发电装机目标。与2017年相比，2018年，全国新增太阳能发电装机4525万千瓦，“十三五”以来太阳能发电装机容量年均增速为60.9%。

受开发条件影响，2016年以来，集中式光伏发电开发建设速度放缓，但分布式光伏发电的迅猛发展使太阳能发电装机容量年均增速仍高于50%。2018年，全国分布式光伏发电新增装机2096万千瓦，装机容量达到5062万千瓦，约为2016年的12倍，分布式光伏占光伏发电装机容量的比重较2016年提高了15.8个百分点，达到29.1%。

2016—2018年全国分布式光伏发电新增装机容量及占比见图4-8。

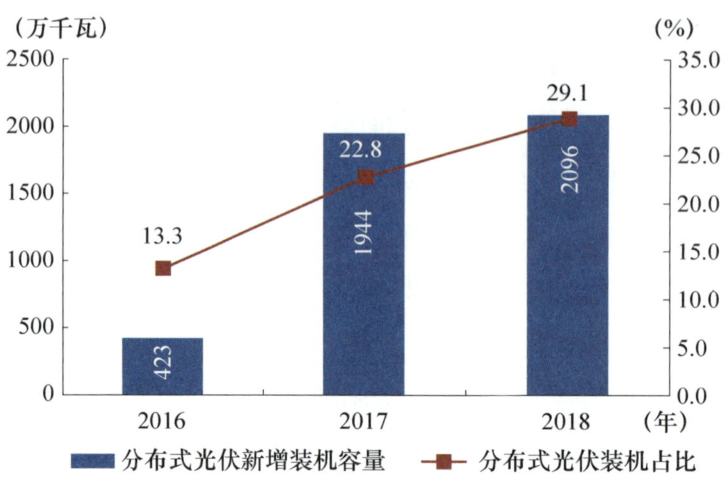

图4-8 2016—2018年全国分布式光伏发电新增装机容量及占比

光伏发电组件效率的持续提升以及分布式发电的良好消纳效果，促进了光伏发电量同步实现快速增长。特别是“十三五”以来，光伏发电量实现快速增长。2018年，全国太阳能发电量比2017年增加592亿千瓦时，“十三五”以来太阳能发电量年均增速为64.8%。

“十二五”以来全国太阳能发电量及增速见图4-9。

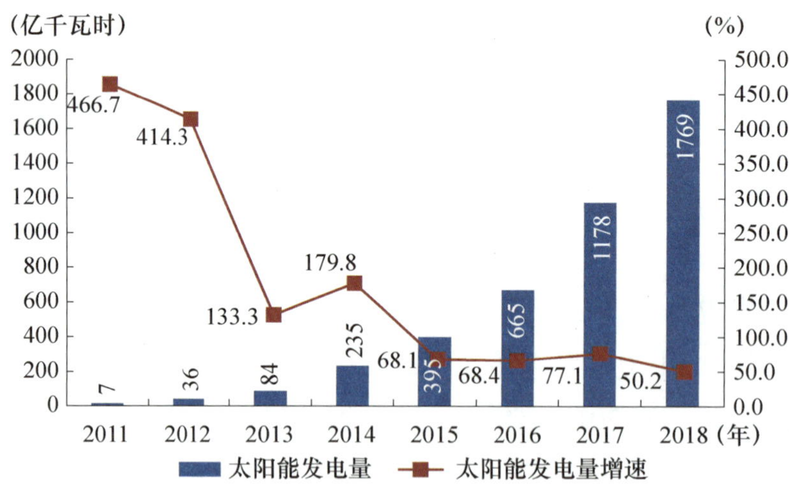

图4-9 “十二五”以来全国太阳能发电量及增速

4. 核电

我国核电发展起步较晚，但发展速度较快。截至2018年年底，全国核电总装机容量为4466万千瓦，核电装机容量占发电总装机容量的2.4%。2018年，全国核电发电量2950亿千瓦时，占发电总量的4.2%。

“十二五”以来全国核电装机容量及增速以及核电发电量及增速见图4-10和图4-11。

图4-10 “十二五”以来全国核电装机容量及增速

图4-11 “十二五”以来全国核电发电量及增速

按照安全高效的发展原则，“十二五”以来核电装机规模呈现平稳增长的趋势，核电装机容量与发电量年均增速均接近20%。2018年，全国新增核电装机容量为884万千瓦，发电量比2017年增加468亿千瓦时，装机容量与发电量同比分别增长24.7%和18.9%，核电发展为确保稳定可靠的清洁电力供应发挥了重要支撑作用。

5. 天然气发电

我国天然气自给率不足60%，受天然气供应能力与价格水平等因素的叠加影响，现阶段天然气发电主要集中在广东、浙江、江苏、北京、天津等经济发达地区。截至2018年年底，全国天然气发电装机容量为8464万千瓦，占发电总装机容量的4.4%。2018年，全国天然气发电量为2155亿千瓦时，占全口径发电量的3.1%。

“十二五”以来全国天然气发电装机容量及增速以及天然气发电量及增速见图4－12和图4－13。

图4－12 “十二五”以来全国天然气发电装机容量及增速

“十二五”以来，全国天然气发电装机容量年均增速为15.5%，在经历了2014—2016年的装机容量增速下滑后，随着大规模新能源并网对电力系统的调峰需求日益增长以及部分地区负荷增长对电力供应的需求增加，作为灵活性调节能力强的清洁化支撑性电源，天然气发电装机容量增速自2016年以来呈现稳步增长的趋势。与2017年相比，2018年全国新增天然气发电装机884万千瓦，装机容量同比增长11.7%。

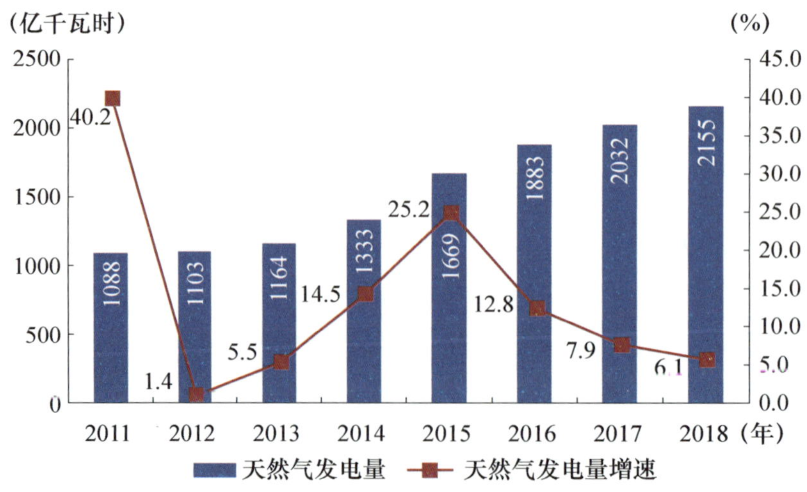

图4－13 “十二五”以来全国天然气发电量及增速

鉴于大部分天然气发电机组频繁参与电力系统调峰，调峰机组的利用小时数明显低于热电联产机组，加之近两年北京等中心城市发电量压减等大气污染防治措施加快实施，导致部分天然气热电联产机组的发电出力随之减少，天然气发电量的增速低于装机容量增速。“十二五”以来，全国天然气发电量年均增长 13.6%，2018 年天然气发电量比 2017 年增加 123 亿千瓦时，发电量同比增长 6.0%。

三、清洁能源发电结构

在新能源发电补贴与鼓励新能源装备制造产业发展等多重政策激励下，风电与太阳能发电装机近年来始终保持快速增长势头，清洁能源发电装机结构中的非水可再生能源比例不断提高。我国风电与太阳能发电占清洁能源发电装机比重由 2010 年的 10.3% 和 0.1%，分别增加到 2018 年的 21.4% 和 20.3%。“十三五”以来，水电装机增速虽然有所放缓，但水电装机容量仍远高于其他清洁能源。截至 2018 年年底，水电装机容量占清洁能源发电装机的 41.0%，核电、天然气发电装机容量占清洁能源发电装机比重分别为 5.2% 和 9.7%。清洁能源发电量也同步出现显著的变化趋势，2018 年与 2010 年相比，太阳能发电量占比由 0.01% 增加到 7.4%，风电发电量占比由 5.5% 增加到 15.4%。2018 年，水电、核电、天然气发电量占清洁能源发电量比重分别为 51.8%、12.4% 和 9.1%。随着非水可再生能源占清洁能源发电装机的比例日益提高，带动清洁能源发电量结构更趋平衡、清洁能源发展更加协调。

“十二五”以来全国清洁能源发电装机结构变化以及清洁能源发电量结构变化见图 4－14 和图 4－15。

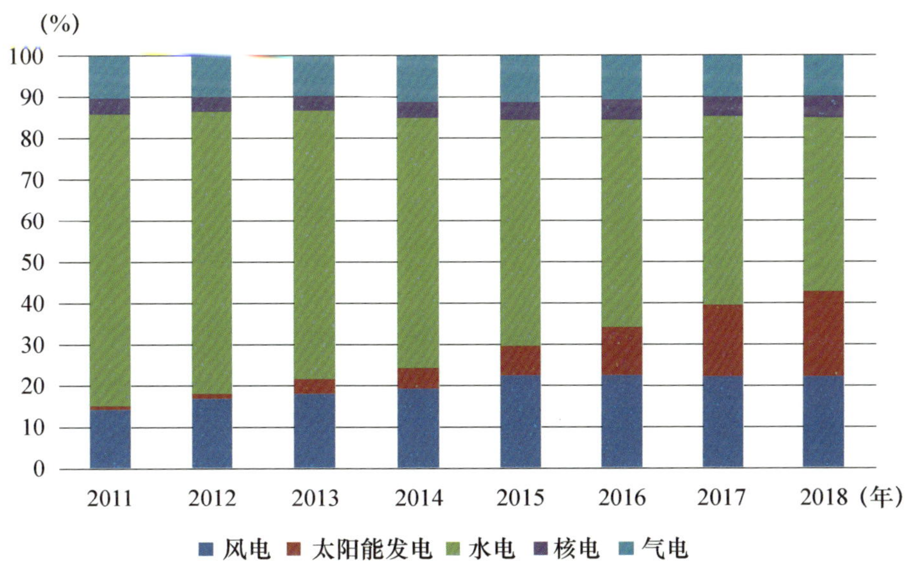

图 4－14　“十二五”以来全国清洁能源发电装机结构变化

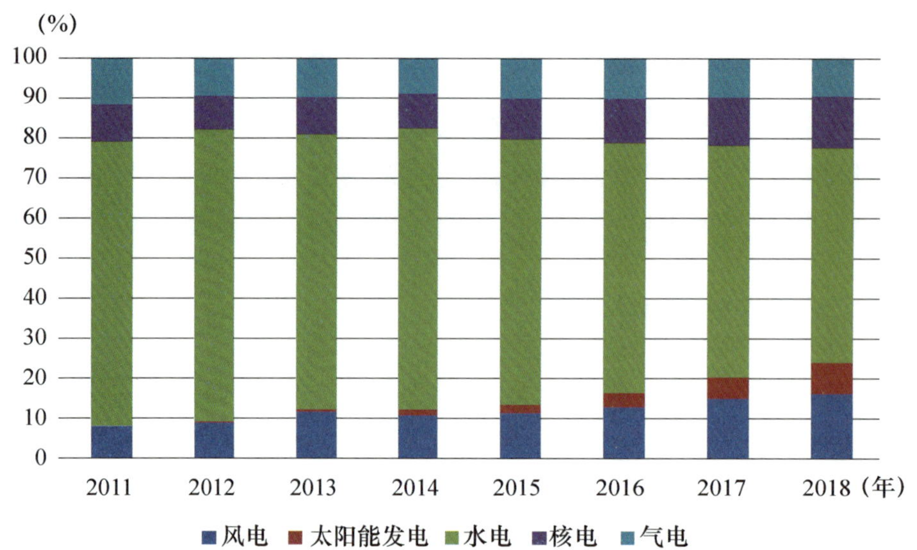

图4－15　“十二五”以来全国清洁能源发电量结构变化

四、清洁能源利用效率

在清洁能源电力化过程中，提升清洁能源利用效率始终是各界关注的焦点。“十三五”以来，在国家促进清洁能源消纳的一系列政策支持下，通过科学制定清洁能源开发规划、实施各种提高电力系统灵活性的技术措施、加快建设清洁电力输送通道以及完善市场机制等举措，清洁能源利用效率持续提高，见图4－16。

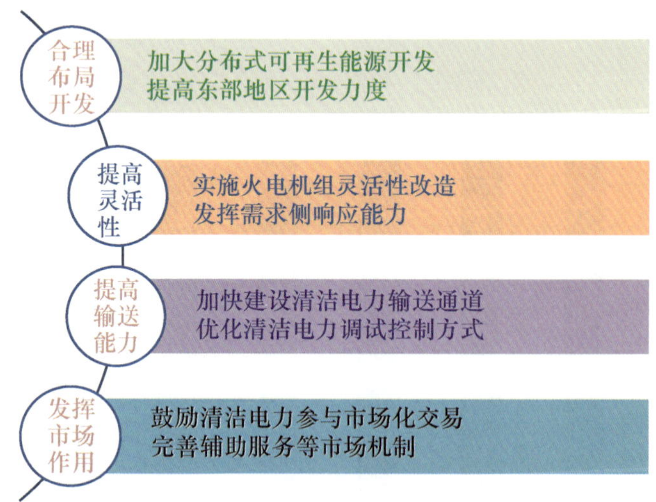

图4－16　清洁能源利用效率

2016—2018年，全国6000千瓦及以上电厂发电设备中，核电利用小时保持在7000小时以上，气电利用小时保持在2700小时以上，水电利用小时保持在3600小时左右，风电、太阳能发电利用小时保持平稳上升。

2016—2018 年全国 6000 千瓦及以上清洁能源发电设备利用小时见图 4－17。

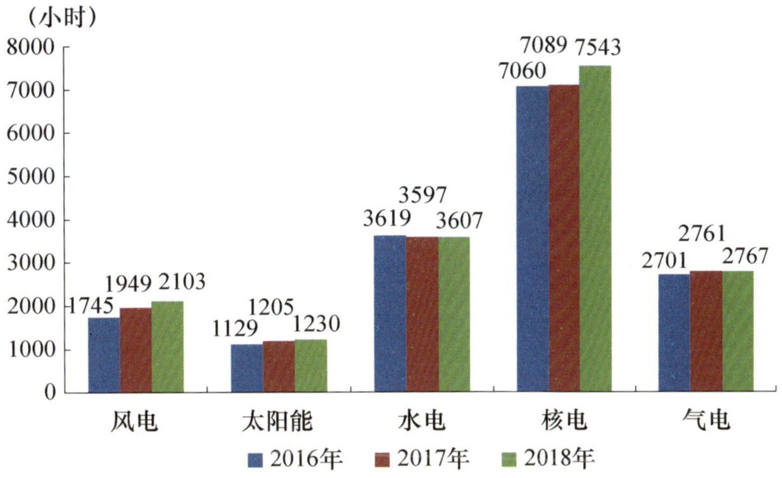

图 4－17　2016—2018 年全国 6000 千瓦及以上清洁能源发电设备利用小时

2018 年全国风电、太阳能发电和水电利用率分别达到 93%、97% 和 95%，在清洁能源发电规模持续扩大的同时，风电、太阳能发电与水电的整体利用率从 2016 年的 93.1% 提高到 2018 年的 94.6%。

2016—2018 年全国风光水电弃电量与风光水电利用率见图 4－18。

图 4－18　2016—2018 年全国风光水电弃电量与风光水电利用率

第五章　输配电

电网连接起电力系统源端发电站与终端用户，确保用户获得持续、可靠的电力供应，是电气化在源网荷储全方位协同发展过程中的基础平台，是清洁能源大规模优化配置的传输网络。“十二五”以来，我国输电网与配电网建设取得显著成效，智能电网已逐步成为电气化发展的核心资源配置平台，并为实现以电为核心、融合多种能源协同高效运行提供有力支撑。

一、电力大范围输送能力

由于我国能源资源与负荷逆向分布特征明显，为实现大范围电力输送，跨省跨区输电通道建设持续推进，目前已完成《国家大气污染防治行动计划》中 12 条重点输电通道的建设任务，各区域电网之间通过交直流特高压与超高压输变电工程进行互联，同时在华北、华东、南方区域电网内部建设了多条特高压输电通道，促进区域内电力资源的优化配置。截至 2018 年年底，全国跨区输电能力达到 1.36 亿千瓦。

2018 年全国跨省跨区输电能力见表 5－1。

表 5－1　2018 年全国跨省跨区输电能力

地区	联络方式	工程数量	输送能力（万千瓦）
华北	跨区	5	3630
	跨省特高压	2	900
东北	跨区	3	1500
华中	跨区	9	3840
西北	跨区	9	4381
华东	跨省特高压	3	2180
南方	跨区	1	264
	跨省特高压	3	1500

注：跨区送电按送端所在区域统计，蒙西电网与华北电网联络的 2 条特高压输电线路计入华北电网跨省特高压输电统计中。

受电力消费需求较快增长、东部地区控煤与西部地区外送中东部地区的新能源电力规模增加等因素推动，2018 年全国跨区送电 4771 亿千瓦时，同比增长 12.7%。其中煤炭与可再生能源资源丰富的华北、东北、西北地区送出电量增长明显，同比分别增长 49.2%、59.7% 和 22.6%。作为电力受端的华东地区，2018 年受入电量 2160 亿千瓦时，同比增加 12.9%。西南地区受来水量较上一年有所减少的制约，水电发电量减少，送出电量同比下降 8.3%。

2018 年全国跨区域送（受）电电量及增速见图 5－1。

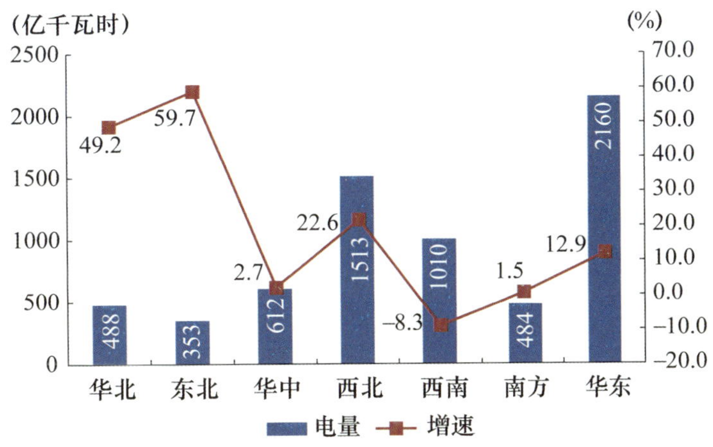

图 5－1　2018 年全国跨区域送（受）电电量及增速

注：华东为受入电量，其余为送出电量。

我国建设的特高压输电系统，在电力大范围输送过程中的资源优化配置作用明显。2018 新投运 2 条特高压直流工程，截至 2018 年年底，全国已建成 20 个特高压工程。2018 年，通过特高压线路输送电量达到 3600 亿千瓦时，其中清洁能源电量为 2154 亿千瓦时，同比增长 11%。跨省跨区输电能力的提升，在保障电力供应的同时，为西南地区水电、三北地区风电、太阳能在中东部负荷中心消纳发挥了积极作用。

2016—2018 年全国特高压工程输送电量见图 5－2。

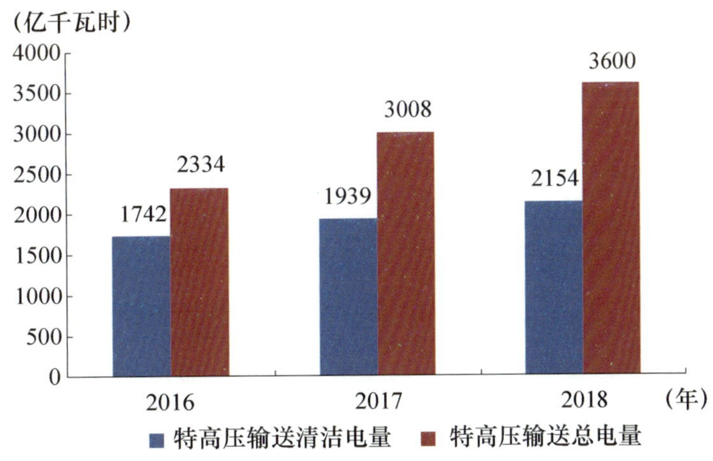

图 5－2　2016—2018 年全国特高压工程输送电量

（数据来源：2018 年特高压输送总电量取自中电联《中国电力行业年度发展报告 2019》，其余均取自国家能源局公开发布的数据）

二、配电能力

配电网作为电力系统配送电力的终端，电气化发展促进其更加智慧、友好地面向各类用户。随着分布式清洁能源快速发展以及电动汽车等新型电力负荷大规模接入，对提高配电网自动化水平也提出了更高的要求，推动配电能力逐步提升。

《配电网建设改造行动计划（2015—2020年）》实施以来，我国持续加大配电网建设投资力度，2018年全国110千伏及以下配电网建设投资3064亿元，同比增长7.8%；110千伏（含66千伏）输电线路回路长度65.3万千米，同比增长3.4%；35千伏线路输电回路长度51.4万千米，同比增长1.0%；110千伏（含66千伏）变电容量21.94亿千伏安，同比增长4.6%；35千伏变电设备容量5.3亿千伏安，同比增长4.1%。

2015—2018年全国配电网建设投资规模、35千伏及以上配电网规模分别见图5-3、图5-4。

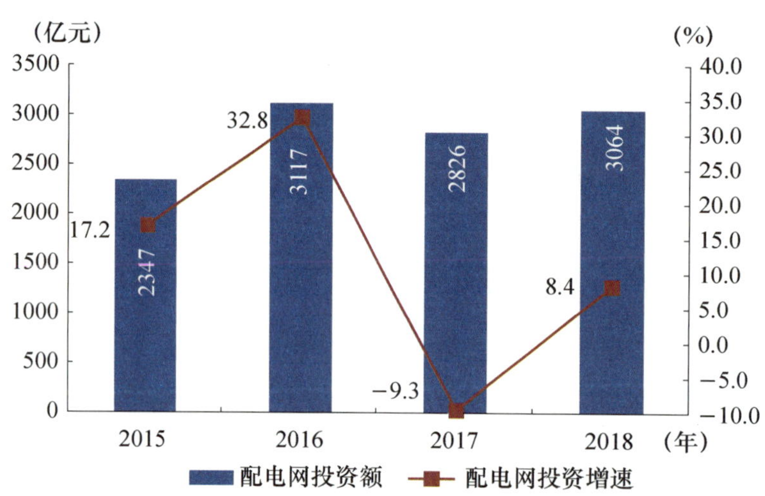

图5-3 2015—2018年全国配电网建设投资规模

在加快配电网基础设施建设的同时，各地区推进配电自动化与智能用电信息采集系统建设，持续提升配电自动化覆盖率，提高配电网运行监测与控制能力，实现配电网可观可控，变“被动报修”为“主动监控”，缩短故障恢复时间，提升供电服务水平。

截至2018年年底，北京、上海等8个城市配网环网率达到100%，北京、天津、杭州等16个城市的配网自动化覆盖率达到100%。

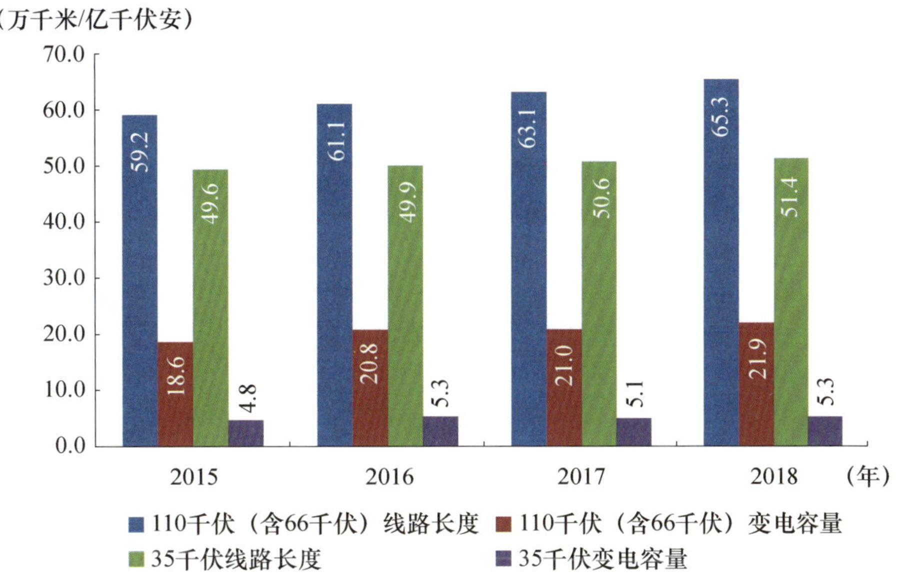

图 5－4　2015—2018 年全国 35 千伏及以上配电网规模

2018 年全国主要城市配网自动化覆盖率与环网率见图 5－5。

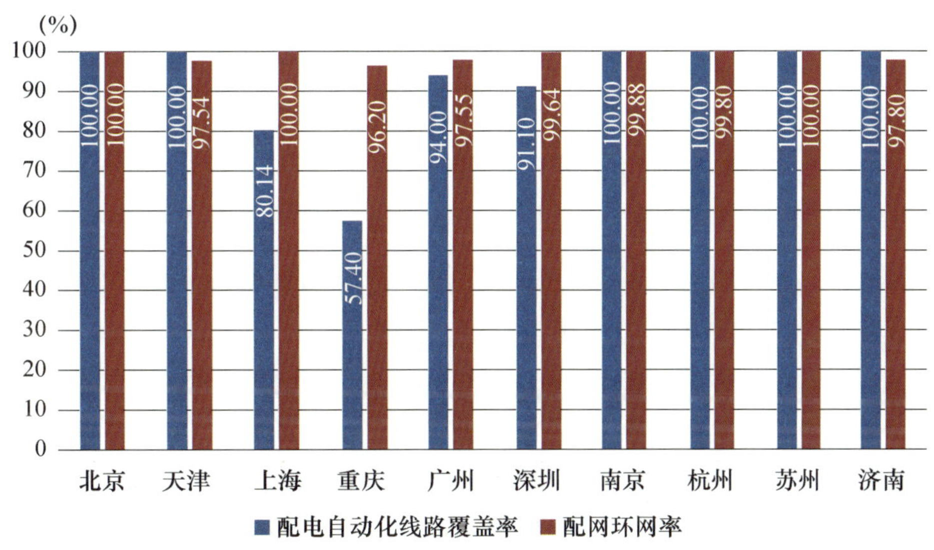

图 5－5　2018 年全国主要城市配网自动化覆盖率与环网率

三、智能电网

1. 智能电网发展历程

为进一步提高电网接纳与优化配置多种能源的能力，推动清洁能源、分布式能源的利用，2005 年以来，世界电网发展进入了智能电网建设的新阶段。2011 年开始，我国智能电网建设全面开启并快速推进。

国家发展和改革委员会、国家能源局2015年7月印发《关于促进智能电网发展的指导意见》（发改运行〔2015〕1518号，以下简称《指导意见》），指出智能电网是在传统电力系统基础上，通过集成新能源、新材料、新设备和先进传感技术、信息技术、控制技术、储能技术等新技术，形成的新一代电力系统，具有高度信息化、自动化、互动化等特征，可以更好地实现电网安全、可靠、经济、高效运行。《指导意见》提出了“到2020年初步建成安全可靠、开放兼容、双向互动、高效经济、清洁环保的智能电网体系”的智能电网发展目标。

国家电网有限公司（以下简称“国家电网公司”）在国内率先开展智能电网系统化建设，将智能电网定义为“以坚强网架为基础，以通信信息平台为支撑，以智能控制为手段，包含发电、输电、变电、配电、用电和调度6个环节，覆盖所有电压等级，实现电力流、信息流、业务流高度一体化融合”的现代电网。智能电网具有坚强、兼容、经济、优化、集成、自愈6个特征。

中国南方电网有限责任公司（以下简称“南方电网公司”）智能电网架构体系涵盖“5个环节+4个支撑体”9大领域。5个环节分别为清洁友好的发电、安全高效的输变电、灵活可靠的配电、多样互动的用电、智慧能源与能源互联网。4个支撑体系分别为全面贯通的通信网络、高效互动的调度及控制体系、集成共享的信息平台与全面覆盖的技术保障体系。

内蒙古电力（集团）有限责任公司（以下简称“内蒙古电力公司”）智能电网包括3个保障体系与3个支撑环节。3个保障体系分别为安全高效的输变电、灵活可靠的配电与多元互动的用电。3个支撑环节分别为协调智能的调度控制体系，集成贯通的信息通信平台与开放共享电力市场体系。

中国与世界主要经济体智能电网发展标志性节点见图5－6。

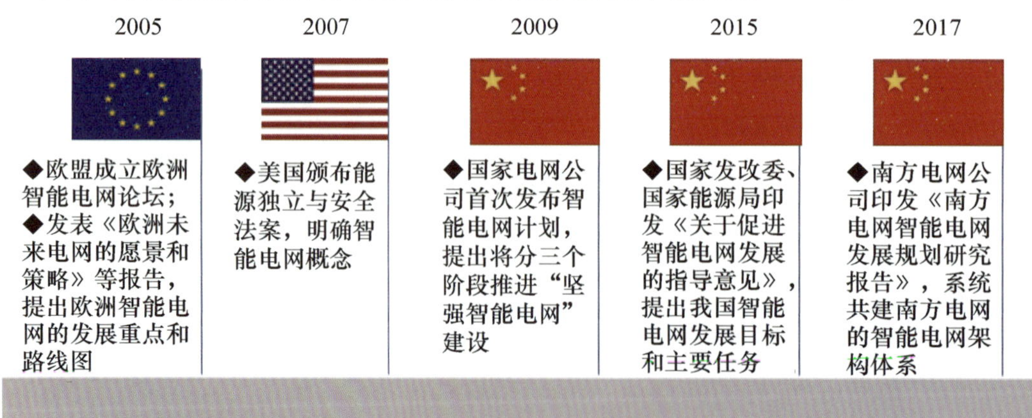

图5－6　中国与世界主要经济体智能电网发展标志性节点

2. 智能电网发展成效

从我国的智能电网发展历程来看，各电网企业的智能电网建设方向虽然各有侧重，但均涵盖发电、输电、变电、配电、用电以及调度各个环节，并都重点聚焦在通过建设智能电网实现电网安全、可靠、经济、高效运行，促进清洁能源大规模利用等重点领域，见图 5－7。经过近 10 年的技术研发、试点示范和推广应用，智能电网建设成效显著。

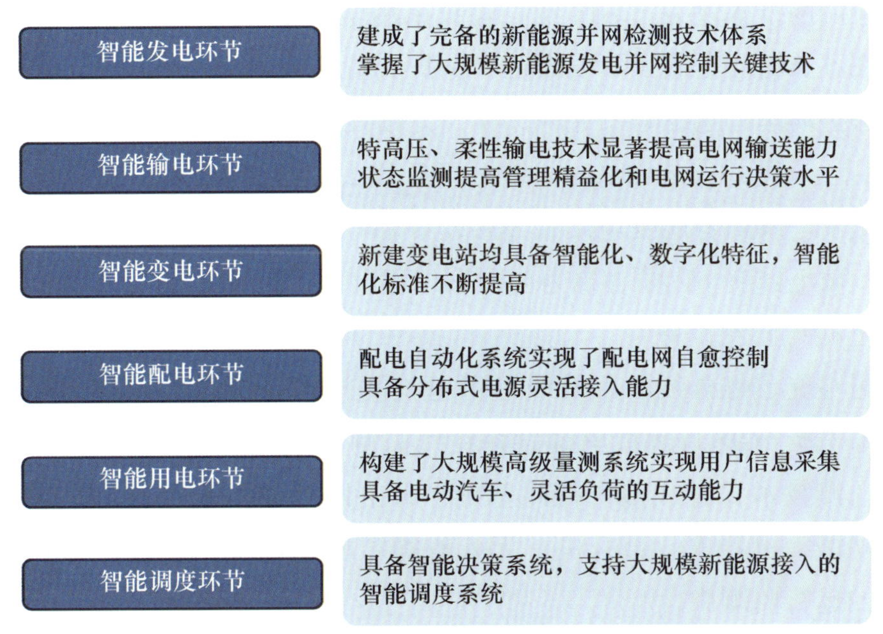

图 5－7 我国智能电网各环节发展成效

（1）智能发电调度领域

由国家电网公司组织研发的智能电网调度系统（D5000）在全国范围内得到普遍应用，该系统不仅具备大规模清洁能源接入后的系统调度控制功能，并且因地制宜地开发了针对不同地区电力系统特点的优化控制模块。在北方地区，D5000 系统接入热电联产机组供热状态信息，基于热－电联合调度功能实现了冬季供热期热电联产机组与风电等新能源电力的优化调度，提高了新能源消纳能力。在华东地区，通过 D5000 系统对需求侧响应资源日前与日内的优化调度，缓解了负荷高峰期与低谷期的系统调峰压力。随着电化学储能应用规模的增加，D5000 系统实现了对大规模电化学储能的调度控制，发挥了电化学储能参与电力系统调峰、调频的快速响应功能。

为了应对特高压交直流混联大电网与清洁能源的快速发展，适应深化电力市场化改革对调度模式优化提出的新要求，新一代调度控制系统正在研发过程中，通过建设调度业务高度关联、运行控制高度协同、内外部信息便捷共享为原则的一体化调控体系，进一步支撑大电网一体化控制，清洁能源全网统一消纳，源网荷协同互动，推动电力市场持续发展。

（2）智能输变电领域

①智能变电站

电网企业推进智能变电站建设，着力提升变电站智能化运行水平、降低建设成本。国家电网公司在经历了两代智能变电站的试点建设与应用后，已经开启第三代智能变电站的研究与试点工作，开展一键操作、主动预警、智能决策等功能在第三代智能变电站中深入应用的技术攻关。2018 年，首批采用全类型就地化保护装置等新技术的智能变电站在江苏、浙江等地区陆续投运，保护装置集成合并单元与智能终端实现就地化布置，使保护动作时间缩短 25% ~33%，光缆使用数量减少近 60%，保护屏柜数量降幅达 60% 以上，整站安装调试时间缩短 70% 以上。南方电网公司在数字化变电站应用基础上发布了一系列智能变电站技术规范，启动了涵盖 35 ~220 千伏电压等级的试点建设工作。截至目前，内蒙古电力公司累计建设了 6 座智能变电站。

②智能巡检与监测设备

当前，可见光、红外线、紫外线等带电检测技术已经在输变电领域全面推广应用。SF_6 溶解气体、GIS 局部放电等设备在线监测技术与线路故障定位、雷电、山火监测等输电监测技术日益成熟。在此基础上，电网企业不断丰富和完善输电设备状态监测平台功能，机器人、直升机、无人机等智能巡检技术已逐步应用到架空输电线路、电缆的运行监测中。

智能机器人巡检和无人机巡线见图 5 -8。

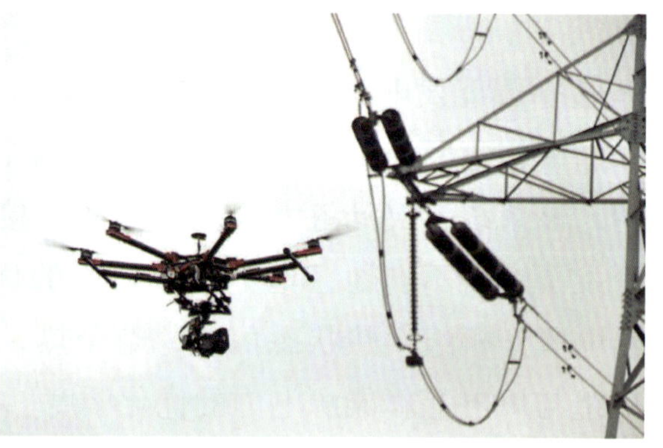

图 5 -8　智能机器人巡检和无人机巡线

③柔性直流输电

广东南澳、浙江舟山等多端柔性直流工程相继建成投运，为我国掌握高压柔性直流输电技术奠定了基础。随着柔性直流输电核心装备制造能力的提升，我国柔性直流输电技术已逐步具备国际领先水平。2018 年 2 月，张北柔性直流工程开工建设，该工程是世界首个柔性直流电网工程，也是世界上电压等级最高、输送容量最大的柔性直流工程。工程额定电压为 ±500 千伏，建设 ±500 千伏直流输电线路666 千米，新建张北、康保、丰宁和北京4 座换流站，总换流容量为900 万千瓦。张北柔性直流工程能够将张家口地区丰富的新能源电力输送到北京市，对推动京津冀地区能源转型与绿色发展、服务北京低碳绿色冬奥会、引领与推动柔性直流输电相关的装备制造业转型升级具有显著的综合效益与战略意义。

（3）智能配用电领域

①配电自动化

电网企业积极开展配电自动化建设，提升配电网监测与控制水平，提高配电自动化水平。截至2018 年年底，国家电网公司和南方电网公司经营区配电自动化率约为65%和70%，内蒙古电力公司经营区配电自动化率约为26%。同时，配电网智能控制技术的应用为以分布式光伏为代表的各类分布式清洁电源高比例接入电网提供了有力支撑。

专栏5－1 配电自动化建设典型案例

光伏云网是国家电网公司建设的“科技＋金融＋服务”分布式能源综合服务平台。光伏云网横向聚合行业协会、电网公司、设备厂商、光伏电站业主、建设单位、运维企业及金融机构等资源，纵向服务光伏电站的规划设计、建站并网、电费结算、监测运维等，提供“建站并网结算一站式服务、光伏电站监测运维全方位服务、光伏电站全周期服务3 个基础服务和设备生产制造智能化服务、光伏金融交易一体化服务、光伏学院线上线下业务、数据分析挖掘增值服务、分布式光伏产业协同服务五大增值服务”。截至2018 年年底，光伏云网累计接入分布式光伏电站118.68 万座，容量5176.55 万千瓦，上网电量673.48 亿千瓦时。

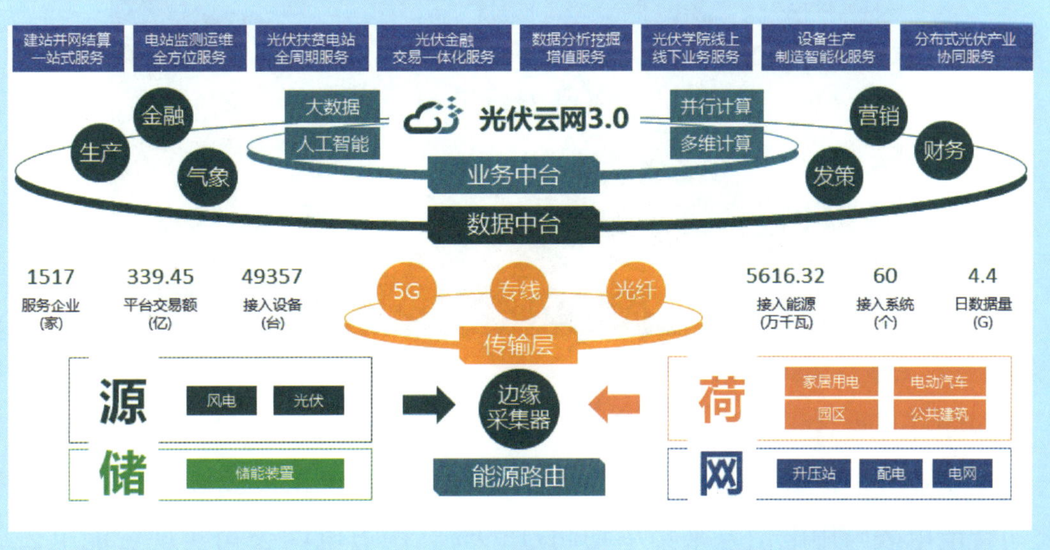

②直流配电网与交直流混合配电网

与交流配电网相比，直流供电能有效解决谐波、三相不平衡等电能质量问题，在改善供电质量方面优势明显。由于直流供电在短时间内还无法完全替代交流配电网，在交流配电网的基础上建设交直流混合配电网将是未来配电网的主要发展趋势。2018 年，贵阳五端柔性直流配电网、珠海多端交直流混合柔性配电网互联工程、连云港“交直流混合”海岛智能微电网等一批试点项目相继投运，推动直流混合配电网快速发展。

专栏 5－2　直流混合配电网建设典型案例

2018 年 12 月 25 日，唐家湾多端交直流混合柔性配网互联工程在广东珠海顺利投产。该项目是南方电网公司推进国家能源局首批“互联网＋”智慧能源示范项目建设的重要里程碑，工程由三个柔性直流换流站、一个直流微电网构成，各换流站之间采用地下电缆相连接。该工程为国际首个 ±10 千伏、±375 伏、±110伏多电压等级交直流混合配网示范工程，也是世界最大容量的 ±10 千伏配网交直换流站。工程研发并应用多项关键技术，采用关键部件复用、集成化程度高的 10 千伏三端口直流断路器，减少占地与设备投资约 30%。研制应用 2 兆瓦级的第三代半导体全碳化硅直流变压器，效率和功率密度得到大幅提升，是目前 10 千伏电压等级容量最大的直流变压器，应用基于国产化 IGCT 交叉箝位换流阀，实现直流故障的微秒级自清除。

③智能计量设备

电网企业在电能计量设备智能化集成应用领域取得积极成效。2018 年，国家电网公司智能电表与用电信息采集率均超过 99%，南方电网公司实现智能电表、低压集抄覆盖率 100%。依托智能量测网络平台，电网企业不断完善停电告警、故障判断等功能，推进营销业务精细化管理，并积极推进智能电表与其他能源表的统一抄收和管理。国家电网公司积极推广“多表合一”，南方电网公司也在广东、广西等地试点水、电、气表计信息统一采集。

专栏 5－3　智能计量设备应用典型案例

国家电网公司“多表合一”通过升级用电信息采集主站和终端，实现智能电能表、水表、燃气表、热力表数据的集中统一采集，在完善用电信息采集系统与水、气、热企业业务系统接口功能的基础上，实现水、气、热表档案以及计量数据的共享，可以为合作企业和用能客户提供水、气、热数据信息实时监测与查询等服务。“多表合一”为电、水、气、热行业实现能源计量数据远程采集、实时监测、综合应用等功能提供智能化技术手段，有助于降低供能企业运营成本，服务国家阶梯能源价格与节能减排等政策执行。

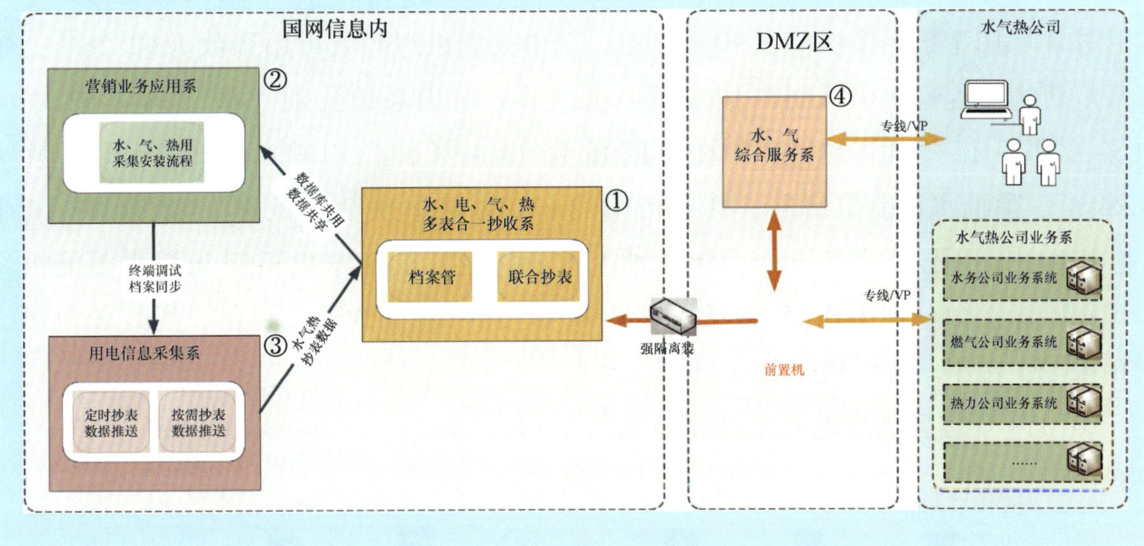

第六章　电力安全供应

电力安全供应是电气化发展的重要支撑，为满足新时期人民日益增长的美好生活电力需求提供可靠的供电保障。政府、行业与企业共同努力推动电力可靠性管理工作取得长足进步的同时，电力企业着力提升安全生产运营水平，持续完善应急保障体制机制，积极应用各类先进技术，共同确保开放条件下的电力安全。

一、电力可靠性

1. 发电设备

2018 年，纳入中电联统计范围的火电机组、水电机组、燃气轮机机组与核电机组的等效可用系数大多保持在 90% 以上。其中火电机组等效可用系数为 92.26%，轴流水电机组、混流水电机组与抽水蓄能机组等效可用系数分别为 92.58%、93.09% 和 87.02%，燃气轮机机组等效可用系数 92.47%，核电机组等效可用系数为 91.84%。除抽水蓄能机组外，其他机组的非计划停运次数均低于 1 次/台年。其中火电机组非计划停运 0.78 次/台年，轴流水电机组、混流水电机组与抽水蓄能机组非计划停运次数分别为 0.15 次/台年、0.11 次/台年和 1.06 次/台年，燃气轮机机组为 0.45 次/台年，核电机组为 0.59 次/台年。

2018 年全国各类发电机组可靠性见图 6－1。

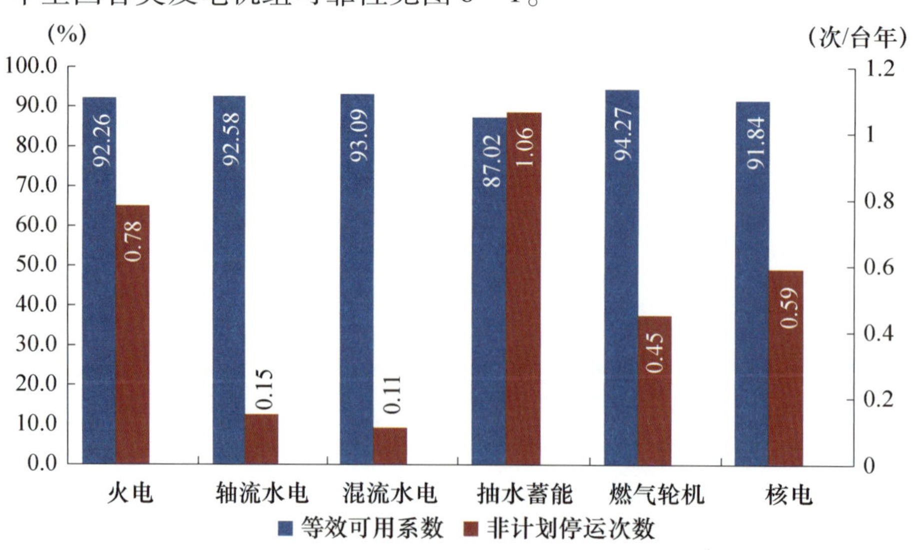

图 6－1　2018 年全国各类发电机组可靠性

2. 输变电设施与直流输电系统

2018 年，纳入中电联统计范围的变压器、架空线路等主要输变电设施的可用系数均超过 99%。直流输电工程的能量可用率达到 92.14%。

2018 年全国主要输变电设施及直流工程供电可靠性见图 6－2。

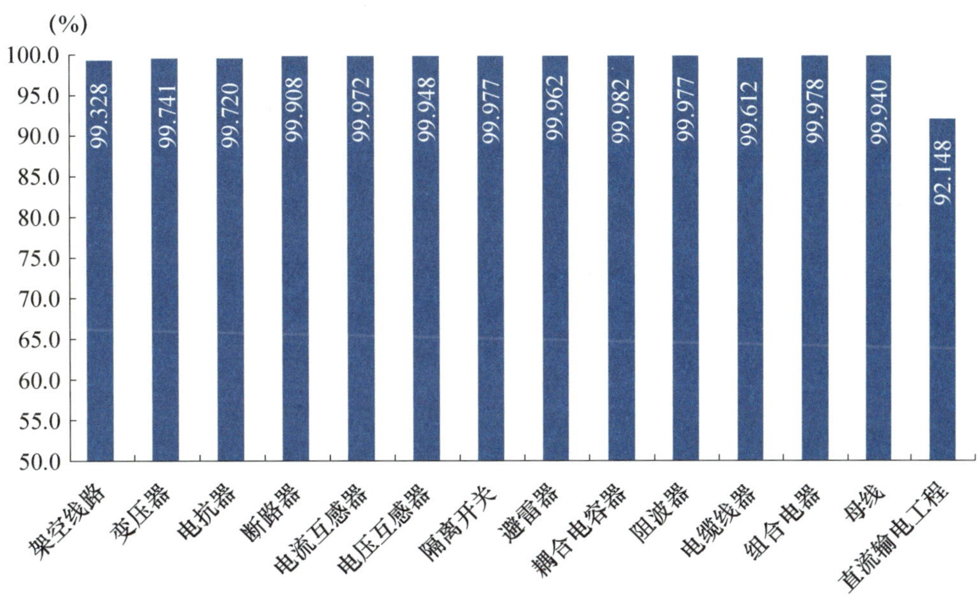

图 6－2　2018 年全国主要输变电设施及直流工程供电可靠性

3. 供电系统

2018 年全国供电系统用户平均供电可靠率为 99.820%，比 2017 年提高 0.006 个百分点；全国用户年平均停电时间为 15.75 小时/户，比 2017 年减少 0.52 小时/户；平均停电频率为 3.28 次/户，与 2017 年基本持平；故障平均时间为 6.46 小时/户，比 2017 年减少 0.79 小时/户。

2018 年全国供电系统用户供电可靠性指标见表 6－1。

表 6－1　2018 年全国供电系统用户供电可靠性指标

指标	全口径	城市	农村
平均供电可靠率（%）	99.820	99.946	99.775
平均停电时间（小时/户）	15.75	4.77	19.73
平均停电频率（次/户）	3.28	1.11	4.07
故障平均停电时间（小时/户）	6.46	1.78	8.16

二、企业供电保障

1. 重大活动电力安全保障

电力企业高度重视重要时段、重要活动保电工作，全力以赴做好重大活动的电力安全保障，先后高标准、高质量开展了全国两会、上合组织青岛峰会、中非合作论坛北京峰会、中国国际进口博览会、庆祝改革开放四十周年大会、博鳌亚洲论坛等系列重大活动保电工作，实现“设备零故障、客户零闪动、工作零差错、服务零投诉”目标，全面完成2018年全年重要活动保电任务。

2. 应急保障

电力企业持续强化应急能力建设，完善应急管理体系，落实应急值守与信息报送要求，建立与外部救援力量的协作支援机制，深化应急培训与演练，提高突发事件应对能力。2018年全年有效应对台风、洪水等自然灾害，妥善处置突发事件，确保迎峰度夏、迎峰度冬期间的电力平稳有序供应。

3. 安全管理提升

电力企业持续完善安全生产管理体系，促进安全生产责任有效落实，提高安全生产管控能力。同时，通过采用常态化指标监控、大数据深度挖掘等管控手段，促进电力企业可靠性信息管理与安全生产、经营管理系统的一体化建设与集约化管理。

4. 先进技术应用

电力企业广泛应用智慧安全先进技术，推动全过程、全生命周期可靠性管理与信息化建设，持续提升设备状态管控能力与运检管理穿透力，提升内在预防与抵御事故风险的能力，有力指导现场人员做好各项安全生产工作，确保电力系统安全运行。

专栏6-1　企业供电保障实施典型案例

国家电网有限公司：上合组织青岛峰会保电

2018年6月9日至10日，上海合作组织峰会在山东青岛举行，公司高度重视，第一时间成立保电领导小组，有关单位成立保电工作机构，共同推进保电工作，做到管理到位、人员到位、责任到位、措施到位。峰会期间，保电工作共出动2.8万人、车辆3999台、应急发电车146辆，实现了电网设备零缺陷、重要负荷零闪动、供电服务零投诉、人员工作零差错的保电目标，青岛电网、山东电网运行正常，保电客户供用电正常，峰会保电平稳顺利。

中国南方电网有限责任公司：抗击强降雨与台风袭击

公司全年累计投入抢修人员35.5万余人次、抢修车辆9.6万余辆次、应急发电装备1017台次，有效抗击了南方电网供电区域遭受的6轮强降雨及5次台风袭击。其中，台风“山竹”自2018年9月16日晚间登陆后，至9月19日23时，经过78小时抢修奋战，南方电网供电区域受“山竹”影响的652万用户全部恢复供电，各级应急指挥机构、港澳地区供电线路、核电站送出线路等均未受影响，杆塔受损率下降46%，抢修复电时间下降40%。

中国华能集团有限公司：迎风战雪、解“燃煤”之急，保电力供应

2018年伊始，持续性强降雪侵袭我国大部分地区，电煤稳定供应面临巨大压力。集团公司协调增加铁路三方保障合同，加强内部煤、电、港、航配合，及时解决煤炭保供难题。在零下40℃的极寒天气中的煤业公司下属灵东煤矿快速装车站，一线员工从车皮进站、检车、清扫、绞车牵引到煤仓放煤，每一项工作都力争在第一时间完成，全力压缩煤炭运输时间，确保正常发电、供热，用实际行动为千家万户送去光明和温暖。

中国华电集团有限公司：优化安全管理方式

集团公司推进信息化平台建设，强化电力设备可靠性管理。水电集控平台覆盖率达到84%，水电诊断平台覆盖率达到82%，并同步在乌江渡电厂开展故障诊断专家系统建设。新能源集控平台覆盖率达到90%，其中新能源（风电）诊断平台覆盖率达到80%。完成大坝安全管理系统建设，接入集团公司49座主要大坝数据，实现大坝在线监测预警，强化大坝定检注册管理，大坝管理数字化、规范化水平不断提升。

国家电力投资集团有限公司：完善安全生产保障机制

集团公司强化责任制落实，印发《安全生产三大责任体系建设指导意见》，并完成对东方能源等11家二级单位安全生产尽职督察；夯实安全生产基础，深入开展班组安全建设与应急能力评估工作；提升安全生产水平，大力推进新能源发电企业安全目视化示范项目建设工作；增强安全生产意识，发布《安全“和”文化读本》和《安全生产“十三五”及中长期规划》。2018年集团安全生产首次实现国家能源局统计范围人身伤害“零事故”目标。

中国大唐集团有限公司：提高发电厂安全可靠运行水平

集团南京发电厂和泰州发电厂应用多种先进控制与信息化技术提高机组安全水平。智慧安全功能协助现场巡检、操作人员正确感知周围环境，引导其进行设备巡检和操作，最大限度实现安全生产；燃烧优化技术使得锅炉实现均衡燃烧，有利于减少受热面结焦，缓解高温腐蚀与横向裂纹的危害，提高机组利用率，减少非停次数；通过故障诊断中心对设备进行在线诊断与故障预警，及时对设备进行检修，实现了系统设备故障维修时间由原来的36~64小时降低至8小时以内。

国家能源投资集团有限责任公司：建设智慧电厂，提高设备管控能力

集团国电东胜智慧电厂开展了智能DCS改造项目，结合大数据分析与可视化平台的搭建，具备汽轮机一键启停（APS）、重要辅机三维可视化监视等多种功能，实现机组发电过程智能监视，为深入开展设备可靠性分析奠定基础；国电大同智能升压站安全巡检系统以3台巡检机器人为主体，实现对升压站监测点的全区域、全天候巡检，通过建立完备的设备运行情况数据库，提高设备故障预警与故障分析效率，避免由于事故处理延误及故障判断失误造成事故的扩大。

第七章　能源互联网与综合能源服务

促进多种能源融合利用、提升能源综合利用效率是新时期电气化发展加快推动能源绿色低碳转型的有效途径。电力行业积极适应新形势、贯彻新发展理念，以智能电网为基础平台，全面推进广域、开放共享的能源互联网建设，积极向综合能源服务业务领域拓展，着力满足终端用户日益多元化的用能需求，为我国能源供需模式转型升级、构建智慧能源系统提供了可行的方案。

一、能源互联网

1. 能源互联网的概念

能源互联网是以可再生能源为优先，以电力为基础，多种能源协同、供给与消费协同、集中式与分布式协同，大众广泛参与的新型生态化能源系统。在电气化进程下，化石能源消费的不可持续性催生能源生产和消费变革的需求，以深入融合可再生能源与互联网信息技术为特征的能源互联网概念的提出，为实现能源绿色低碳转型与高效可持续发展提供了实施路径。

能源互联网的物理基础是多能协同能源网络，能源协同以电力网络为主体骨架，协同天然气、供热、供冷等网络，强调多种能源的综合开发利用，实现各类能源子系统的优势互补，有助于可再生能源的大规模接入和高效利用，在提高能源利用效率的同时降低用能成本。

能源互联网功能的实现依托以互联网理念和技术为基础的信息物理能源系统。物联网、大数据、移动互联网等信息技术的飞速发展，能够为涵盖能源全链条的安全、效率与经济性提供有力支撑。在能源互联网架构下，信息系统与物理系统将渗透到每台供能及用能设备，并通过适宜的共享方式确保各个参与方均能获取到需要的能源信息。同时，在信息获取上通过多能协同优化与调度，可以从提升能源利用效率的层面助力实现社会效益最大化。

能源互联网架构示意见图 7－1。

根据能源互联网所依托的物理技术实现的互联范围不同，能源互联网目前主要包含区域能源互联网与全球能源互联网两种能源互联形式。其中，以城市级与园区级为主的区域能源互联网以实现多能高效协同为主要目标，是推动我国能源革命的重要战略支撑；全球能源互联网是清洁能源在全球范围大规模开发、输送、利用的重要平台。针对全球不同类型清洁能源资源的分布特点，通过跨区跨洲电网互联，实现各类清洁、可再生能源在全球范围内的大规模消纳。

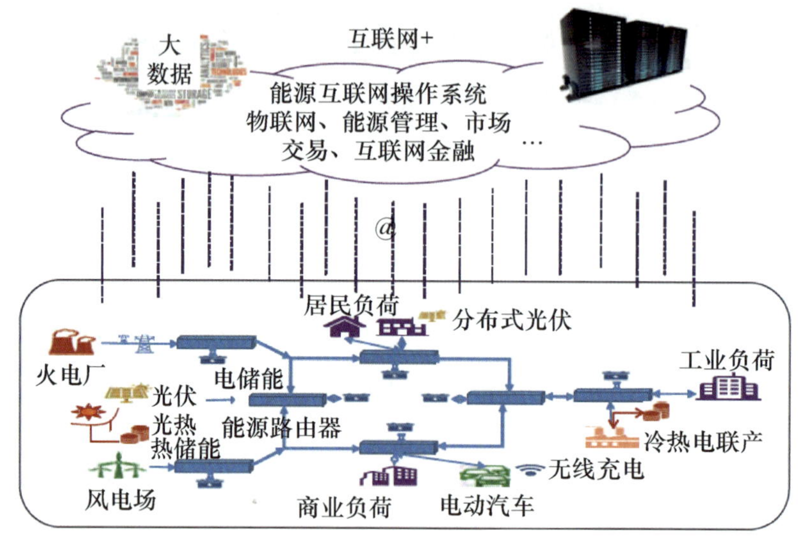

图 7－1　能源互联网架构示意

2. 能源互联网的发展

（1）区域能源互联网

2015 年初，国家能源局组织开展了“国家能源互联网行动计划战略”研究工作，对能源互联网的体系架构与关键技术开展前瞻性研究。在构建智慧能源系统的过程中，“互联网＋”智慧能源、多能互补集成优化等能源互联网新业态得到大力培育。其中，“互联网＋”智慧能源将互联网理念、先进信息技术与能源生产、传输、存储、消费以及能源市场深度融合；多能互补集成优化通过天然气热电冷三联供、分布式可再生能源和能源智能微网等方式，实现多能协同供应和能源综合梯级利用，利用大型综合能源基地风能、太阳能、水能、煤炭、天然气等资源组合优势，推进风光水火储多能互补系统建设运行。两类新业态之间也存在着一定的耦合关联，“互联网＋”智慧能源作为能源产业发展具有引领性的新形态，建设多能互补集成优化示范工程是构建“互联网＋”智慧能源系统的重要任务之一。

①“互联网＋”智慧能源

2016 年 2 月，国家发展和改革委员会、国家能源局、工业和信息化部联合发布《关于推进“互联网＋”智慧能源发展的指导意见》（发改能源〔2016〕392 号）。2016 年 7 月，国家能源局启动了“互联网＋”智能能源（能源互联网）示范项目申报工作，并于 2017 年 6 月公布了首批 55 个示范项目。其中，城市能源互联网综合示范项目 12 个，园区能源互联网综合示范项目 12 个，其他及跨地区多能协同示范项目 5 个，基于电动汽车的能源互联网示范项目6个，基于灵活性资源的能源互联网示范项目2个，基于绿色能源灵活交易的能源互联网示范项目3个，基于行业融合的能源互联网示范项目4个，能源大数据与第三方服务示范项目8个，智能化能源基础设施示范项目3个。

首批“互联网+”智慧能源（能源互联网）示范项目类型与地区分布见图7-2。

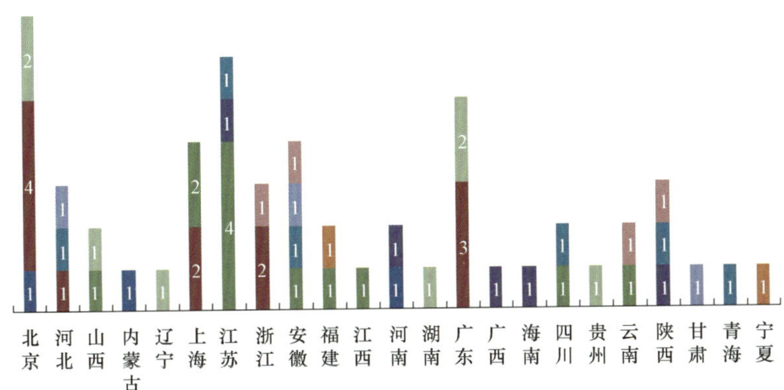

图7-2 首批“互联网+”智慧能源（能源互联网）示范项目类型与地区分布

2018年12月，国家能源局启动了首批示范项目的验收工作，通过总结项目成效，为能源互联网的发展积累技术和管理经验，明确发展方向和关键技术领域。经过近2年的建设运行，首批示范项目从能源互联网构架建设、多能源运行控制方面进行了有效探索，在促进清洁能源利用，提升综合能效方面取得了良好的成效。

②多能互补集成优化

2016年7月，国家发展和改革委员会、国家能源局发布《关于推进多能互补集成优化示范工程建设的实施意见》（发改能源〔2016〕1430号）。同月，国家能源局启动了多能互补集成优化示范工程申报工作，并于2017年1月公布了首批23个示范项目。其中，终端一体化供能系统工程示范项目17个、风光水火储多能互补系统工程示范项目6个。

首批多能互补集成优化示范工程类型与地区分布见图7-3。

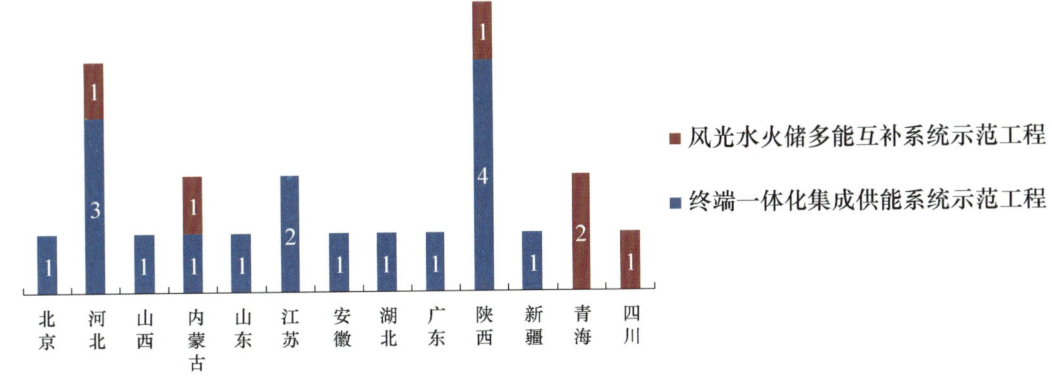

图7-3 首批多能互补集成优化示范工程类型与地区分布

自国家能源局公布首批多能互补集成优化示范工程以来，各项目所属省级能源主管部门积极开展组织协调和监督管理工作，跟踪项目进展情况，协调解决项目实施过程中的问题。示范项目实施单位充分结合地方特色，以多能互补利用、提升能源综合利用效率为目标，一批示范项目的建设运营取得显著成效。

专栏7-1　区域能源互联网建设项目典型案例

苏州工业园区多能互补集成优化示范工程

工程建设项目包括天然气分布式0.3万千瓦、光伏分布式2.5万千瓦、地源热泵0.5万千瓦、储能22兆瓦时、微风发电150千瓦、需求侧管理100家用户、2个充电站和能源互联云平台等子项目。项目搭建了“四网一云”能源体系，实现气、电、热多种能源耦合与综合利用；打造能源服务大数据云平台，实现源、网、荷、储数据的实时监测与管理；构建功能多样化的微能源网，解决了能源利用中的储存、调峰、低位热能利用、微能源网等关键技术问题；遵循“以网调点、以大调小、以储调光、以电调汽”四种原则促进新能源消纳。项目开放天然气、蒸汽管网，变统购统销模式为管输代输模式，用户与天然气、蒸汽和电力供应商直接签订供销合同，并向相关经营单位缴纳相应管网输送费用，提升能源利用效率，降低能源使用成本。

（2）全球能源互联网

全球能源互联网是清洁主导、电为中心、互联互通、共建共享的现代能源体系，是清洁能源在全球范围大规模开发、输送、使用的重要平台，实质就是“智能电网+特高压电网+清洁能源”。

2015年9月，国家主席习近平在联合国发展峰会上发表重要讲话，倡议探讨构建全球能源互联网，推动以清洁和绿色方式满足全球电力需求。

2016年3月，全球能源互联网发展合作组织（以下简称“合作组织”）在北京正式成立。合作组织是由致力于推动世界能源可持续发展的相关企业、组织、机构和个人等自愿组成的国际组织，宗旨是推动构建全球能源互联网，以清洁和绿色方式满足全球电力需求，推动实现联合国“人人享有可持续能源”和应对气候变化目标，服务人类社会可持续发展。

2017年5月，国家主席习近平在“一带一路”国际合作高峰论坛上强调，要抓住新一轮能源结构调整和能源技术变革趋势，建设全球能源互联网，实现绿色低碳发展。

随着构建全球能源互联网的中国倡议逐步形成全球共识，2017 年 11 月，全球能源互联网纳入联合国 2030 年可持续发展议程工作框架；2017 年 5 月，全球能源互联网纳入“一带一路”建设工作框架。合作组织提出的全球能源互联网发展理念与发展战略获得了多国政府与多家国际组织的认可和支持。截止目前，合作组织会员数量已发展到 602 家，涉及 85 个国家和地区，合作组织提出的“电－矿－冶－工－贸”项目联动发展新模式以及在战略规划、全球能源互联网（GEI）规划、行动计划、专项研究与关键技术等重点领域发布的一系列研究成果，对实现“加快世界能源转型、保护地球生态环境、促进经济社会发展、促进世界和平和谐”的综合价值起到积极推动作用。

全球能源互联网发展合作组织发展进程见图 7－4。

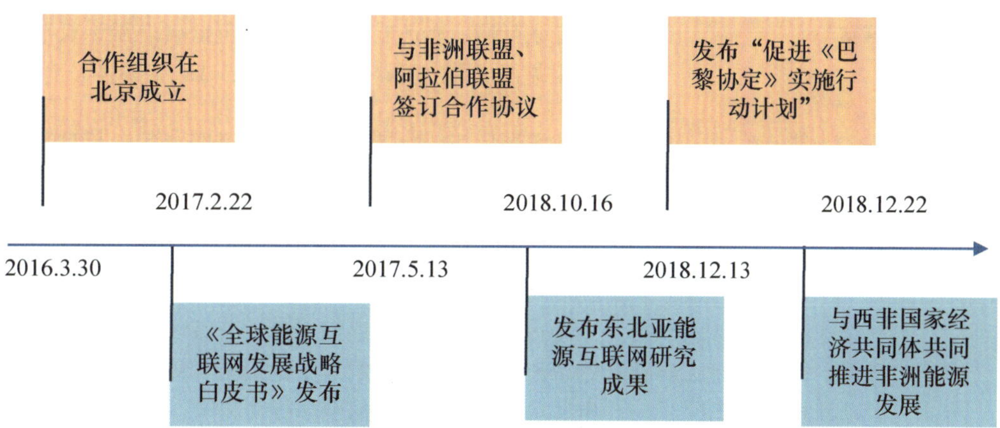

图 7－4　全球能源互联网发展合作组织发展进程

全球能源互联网合作组织主要研究成果见表 7－1。

表 7－1　全球能源互联网发展合作组织主要研究成果

类型	名称	核心研究成果
战略规划	全球能源互联网发展战略白皮书	提出了全球能源互联网发展的战略体系、发展思路、发展路线图，明确了战略重点，为共同推动全球能源互联网发展提供战略指引和行动指南
	全球能源互联网骨干网架 2018	重点研究全球经济社会、能源电力发展趋势，清洁能源资源禀赋、开发方式和电力流格局，在各洲能源互联网规划基础上，提出了全球能源互联网骨干网架方案和跨洲跨区跨国联网重点工程，并系统分析了全球能源互联网的综合价值和效益

续表

类型	名称	核心研究成果
全球能源互联网规划	欧洲能源互联网规划研究报告	研究提出了欧洲能源互联网重点互联互通工程，并系统分析了欧洲能源互联网投资规模及综合效益。研究成果旨在推动欧洲更加经济、高效、快速地实现清洁低碳和可持续发展目标，带动清洁能源技术创新
	亚洲能源互联网研究	结合清洁能源资源分布和开发布局，形成亚洲能源互联网方案，提出互联互通工程，系统分析综合效益，并对未来亚洲、欧洲和非洲跨洲互联进行分析，展望实现全球1.5℃温控目标下亚洲能源电力发展路径与情景
	北美洲能源互联网研究	北美能源绿色低碳发展的核心是秉持全球能源互联网理念，构建北美能源互联网，加快开发清洁能源，加强能源基础设施互联互通，实现能源转型和绿色低碳发展，打造北美洲清洁能源大规模生产、配置和使用的现代能源体系
行动计划	全球能源互联网促进《巴黎协定》实施行动计划	从发展形势、减排方案、对接思路、各洲行动、治理机制五个方面提出全球能源互联网促进《巴黎协定》实施的系统方案和全球倡议，以期为世界各国开展务实合作、实现低碳发展提供行动载体和机制保障
	全球能源互联网解决无电、贫困、健康问题行动计划	阐述了全球能源互联网对解决全球无电、贫困和健康问题的价值及实施路径，制定了建设全球能源互联网助力解决无电、贫困和健康问题的全球行动和国际机制
专项研究	构建非洲能源互联网促进水能资源开发实现“电－矿－冶－工－贸”联动发展	提出“电－矿－冶－工－贸”联动发展新模式，通过统筹水电等清洁能源基地、矿山冶金基地、工业园区规划和建设，形成发、输、用一体化的电力市场和采矿、冶炼、深加工一体化发展格局
关键技术	全球能源互联网标准体系研究2018	设计了“4个专业方向、13个技术领域、47个标准系列、若干项具体标准”的全球能源互联网标准体系总体架构，对每个技术领域，报告统筹拟继承、拟修订和拟制定的标准，绘制标准路线图，并根据标准的重要性和紧迫性提出了重点行动领域

二、综合能源服务

1. 综合能源服务的概念

综合能源以电能为核心实现多能耦合，涵盖天然气三联供、分布式光伏、地热、储能、电供热、供冷等多种能源供应与消费方式。综合能源服务是实现能源互联网价值的在能源服务方式上的一种创新。综合能源服务在用户用能分析的基础上，综合各种供能系统成本，实现全过程生产成本最低的用能方式。以构建能源互联网为引领，综合能源服务已经成为电气化进程下形成的电力发展新业态。

综合能源服务类型见图7－5。

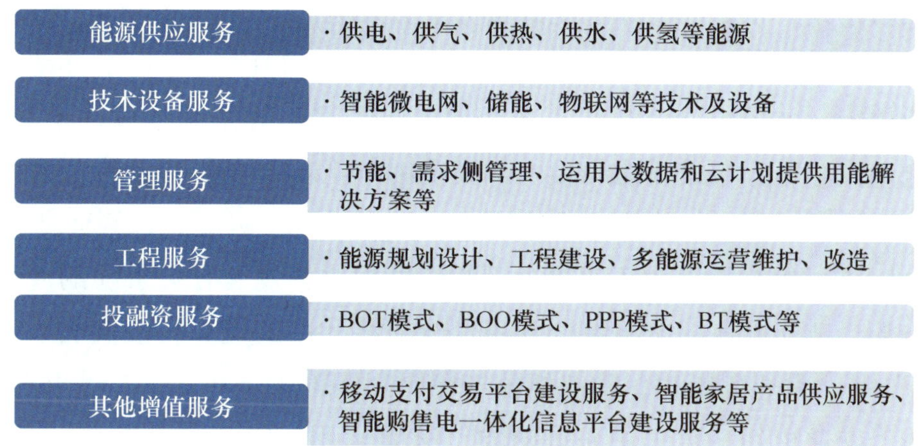

图7－5 综合能源服务类型

在新一轮能源生产与消费变革的背景下，能源电力企业从生产型向服务型企业转型发展已经成为全球性趋势。我国各类能源企业均积极适应新形势，探索开展综合能源服务业务，向能源行业全产业链服务延伸。电力企业在转型发展路径上大都采用“1＋N”模式，即一项主营业务向综合能源输配、电力市场化交易、分布式能源开发与供应、综合能源系统建设与运营、节能服务、环保用能、综合储能以及智慧能源服务等能源行业全产业链服务延伸发展，并且呈现出清晰的业务转型发展态势。

2. 综合能源服务的发展

“十三五”以来，我国在能源战略、规划、财政、价格、税收、投融资、标准等诸多方面出台了多项综合能源发展相关支持政策，电力、油气领域的体制机制改革加快推进，均为综合能源服务的发展创造了良好的政策与体制环境。综合能源服务具有广阔的业务拓展空间与良好的发展前景。目前，我国综合能源服务整体已经从示范项目引领逐步发展到具体实施阶段。据初步统计，全社会综合节能公司最高峰时达到6000家左右，为数众多的市场主体也将作为综合能源服务的重要参与者，有力促进综合能源服务市场可持续发展。

2018年，综合能源服务企业纷纷在“源－储－网－售－用－云”领域结合自身优势、谋划提前布局、抢占有利市场。在“源”端规模化利用清洁能源，在“储”侧加速布局各类储电、储热、储气及充电基础设施，在“网”侧着力发展微电网、增量配电网、能源互联网等网络形态，在“售”端增加售电业务及多种能源交易和服务平台，在“用”端引入多种形式的分布式用能，在“云”端充分利用互联网、大数据等先进技术开发能源管理控制平台或云平台。在此过程中，电力企业以综合能源新业态快速发展为契机，通过加强顶层设计，充分发挥规划引领作用，开展了一批示范项目建设，积极推动综合能源服务业务发展。

国家电网公司印发《推进综合能源服务业务发展 2019—2020 年行动计划》，开展面向商业楼宇、区域供冷供热、工业企业、电动汽车等系统建设，推动实现蓄冷热装置、电动汽车等分布式新能源接入，实现用户侧以电网为中心的“源网荷储控”的智能互动和智慧应用，加快推进有序充电、储能云网、绿电交易等业务。

南方电网公司发布了《关于明确公司综合能源服务发展有关事项的通知》，主要聚焦于新能源、节能服务、能源综合利用、电能替代、储能、科技装备、创新服务、“互联网 +”等八大业务版块，重点抓住产业园区、工业企业、大型公共建筑、大型商业综合体、交通枢纽、数据中心等对象，统筹运用能效诊断、节能改造、用能监测、分布式新能源发电、冷热电三联供、现代储能等多种技术，开展综合能源服务业务。

专栏 7－2　综合能源服务项目典型案例

国网客服中心北方园区综合能源服务项目

该项目由屋顶光伏、光储微网、太阳能空调、太阳能热水、冰蓄冷空调、地源热泵、蓄热式电锅炉 7 个能源子系统集成，每日可节约电量约 3.0 万千瓦时，节省电费约 2.7 万元；减排二氧化碳 41.5 吨，每年减排二氧化碳 1.5 万吨；规模化高效应用冰蓄冷系统、地源热泵系统、太阳能热水系统、光伏发电系统，4 类可再生能源利用年收益总计可达近千万元。作为集生产、办公、生活为一体的大型园区，运营单位通过实行综合能源托管服务，并依托能源调控平台提供用能优化。这种以电为中心、多方共赢的能源托管模式，具有可推广、可复制的典型示范效应。项目已经实现了绿色复合型能源网建设与智慧服务型创新园区建设，并取得绿色建筑标识认证。

第三篇 电力消费

电气化发展在电力消费侧着力提高全行业与居民生活用电占用能比重，广泛实施电能替代，以提高能效为引领，开展节能节电，加强电力需求侧管理，提高用电效率与用电灵活性，构建现代电力营销服务体系，优化用电营商环境，进一步提升用户的终端电力获得感，推动终端用能电气化水平不断提升。

电气化发展在电力消费侧包含5项评价指标，分别为电能占终端能源消费比重、工业用电占工业终端用能比重、人均用电量、单位GDP电耗与获得电力指数。2017年全国全行业用电占用能比重为17.3%；2018年，全国电能占终端能源消费比重为25.5%，人均用电量为4945千瓦时/人，单位GDP电耗为941千瓦时/万元（GDP按2010年可比价格计算），获得电力指数为92.01。

第八章　电力消费概况

“十二五”以来，电气化在电力消费侧的发展成效显著。终端用能电气化态势清晰显现，电能占终端能源消费比重持续提升；全社会用电量保持较快增长，增速快于能源消费总量增速；产业用电结构更趋均衡，第三产业和城乡居民用电占比不断提升；在工业、交通运输业与高新技术和高端制造业等新兴产业电气化发展带动下，全行业用电占用能比重稳步提高。居民生活电气化水平稳步提升的同时，提高居民生活用电占用能比重仍有很大潜力。

一、电能占终端能源消费比重

提高电能占终端能源消费比重可以显著提升终端用能电气化水平，优化终端用能结构。“十二五”以来我国用电量保持快速增长，2010—2017 年全社会用电量年均增速比终端能源消费年均增速高出 2.4 个百分点。在用电需求保持刚性增长的同时，我国自“十三五”以来大力实施电能替代，随着工业、建筑、交通等主要部门“以电代煤”“以电代油”的替代范围逐步扩大，主要部门用电占部门用能比重稳步提高，终端用能领域的电气化趋势清晰显现。用电量增速高于终端能源消费增速与替代电量持续增长叠加影响，带动电能占终端能源消费比重逐步提高。2018 年全国电能占终端能源消费比重为 25.5%，较 2010 年提高了 4.2 个百分点，并呈现出持续提升态势。

“十二五”以来全国电能占终端能源消费比重见图 8－1。

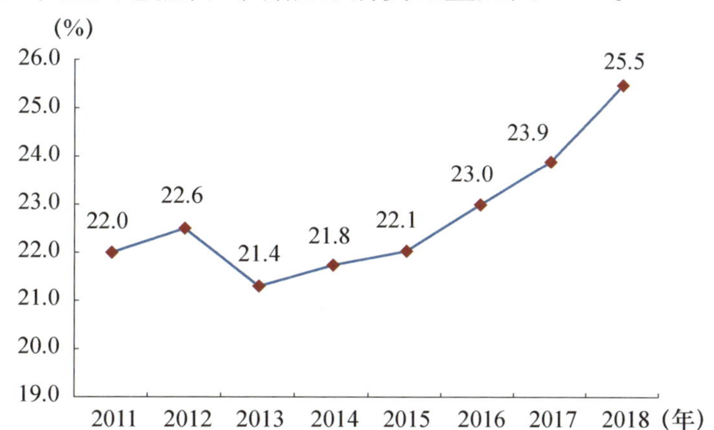

图 8－1　“十二五”以来全国电能占终端能源消费比重

（数据来源：2011—2017 年数据取自中电联历年《电力工业统计资料汇编》，2018 年数据采用国家能源局公开发布的数据）

二、用电总览

1. 全社会用电

全社会用电量反映了电气化发展在电力消费侧的总体规模。“十二五”以来，我国电力消费保持较高增速，全社会用电量年均增速为6.4%，2018年全社会用电量为6.90万亿千瓦时，同比增长8.4%，全社会用电量居世界第一。“十二五”以来全国全社会用电量见图8－2。

图8－2 “十二五”以来全国全社会用电量

2. 人均用电量

近10年来，我国人口年均增长率保持在0.5%左右，鉴于全社会用电量增速显著高于人口总量增速，带动人均用电量快速增长。“十二五”以来，人均用电量年均增速为5.8%。2018年人均用电量为4945千瓦时/人，同比增长7.8%，约为经合组织（OECD）国家2015年平均水平的60%。

“十二五”以来全国人均用电量见图8－3。

图8－3 “十二五”以来全国人均用电量

3. 分产业用电

2018 年，第一产业、第二产业、第三产业以及城乡居民用电均保持增长势头，用电量分别比 2017 年增长 9.0%、7.1%、12.9% 和 10.3%。"十二五"以来，第三产业用电 11.7% 和城乡居民用电 8.4% 的年均增速显著高于全社会用电量年均增速。

伴随着产业结构持续优化与人民生活水平日益改善，2018 年第三产业和城乡居民用电占全社会用电量比重分别比 2010 年提高了 5.0 和 1.9 个百分点。

"十二五"以来全国分产业用电量以及 2010 年与 2018 年全国分产业用电量结构对比分别见图 8-4、图 8-5。

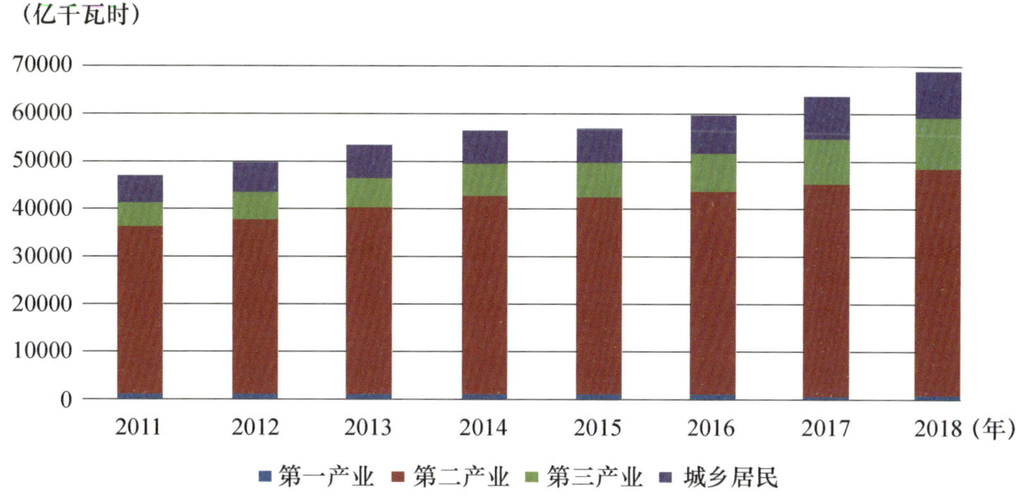

图 8-4 "十二五"以来全国分产业用电量

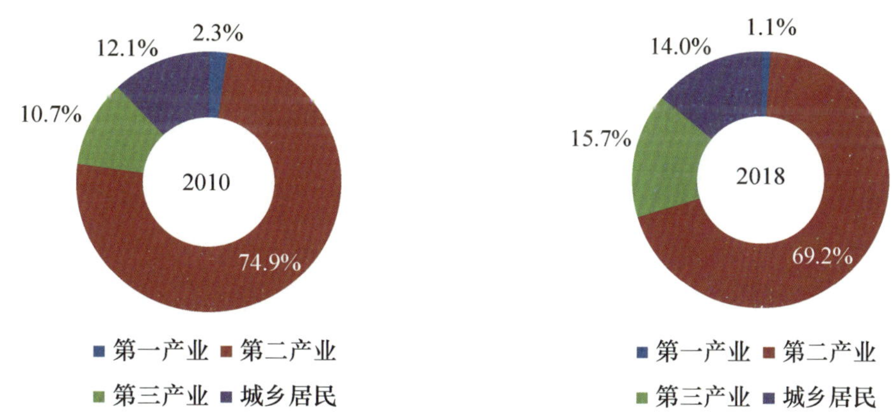

图 8-5 2010 年与 2018 年全国分产业用电量结构对比

4. 电力消费弹性

"十二五"以来，电力消费弹性系数呈现先降后升的趋势。"十二五"期间由于产业结构朝向轻型化调整，高耗能电力需求增速也相应减缓，电力消费弹性系数由

2011 年的 1. 26 降到 2015 年的低谷值 0. 14。进入“十三五”后，随着经济发展进入新常态，GDP 增速相对趋于稳定，同时，电气化进程的深入促进了终端消费领域电能消费比重的提高，反映到电力消费弹性系数上呈现出逐年上升的趋势，2018 年电力消费弹性系数为 1. 28。

“十二五”以来全国电力消费弹性系数见图 8 –6。

图 8 –6　“十二五”以来全国电力消费弹性系数

从 1978—2018 年我国电力消费弹性系数变化情况来看，1 年的弹性系数值在 0 ~ 2 之间，且年际间波动较大；但 10 年滑动平均弹性系数曲线在 0. 8 ~ 1. 2 之间，且呈现出较规律性的波动，既反映出电力消费是经济增长的“晴雨表”特性，也反映出电力消费弹性系数的周期性变化。

1978—2018 年全国电力消费弹性系数变化趋势见图 8 –7。

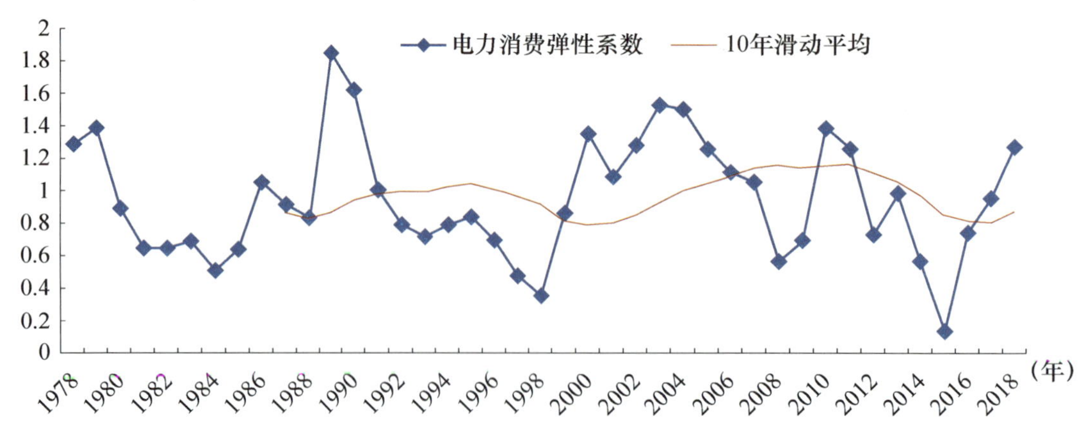

图 8 –7　1978—2018 年全国电力消费弹性系数变化趋势

5. 销售电价（含政府性基金及附加）

“十二五”中期以来，全国销售电价总体呈稳步下降态势。2018 年，全国销售电价（含政府性基金及附加）总水平为 0.629 元/千瓦时，与 2014 年相比累计下降 7.9%。从销售电价类型来看，与大多数国家工业电价均低于居民电价不同，我国的工业电价约为居民电价的 1.25 倍，主要是由于分用户类别的电价没有反映供电成本差异，工商业用户承担了对居民的交叉补贴。

2014—2018 年全国销售电价（含政府性基金及附加）见图 8－8。

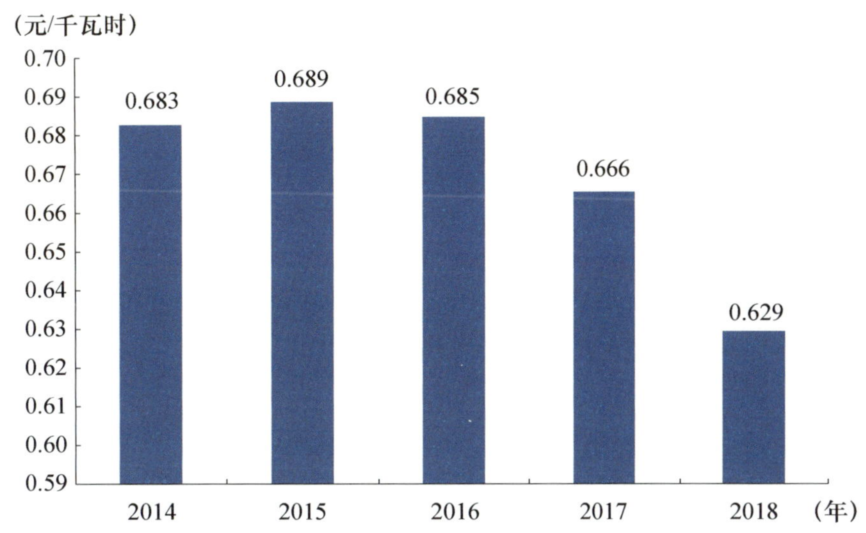

图 8－8　2014—2018 年全国销售电价（含政府性基金及附加）

三、全行业与重点行业电气化

1. 全行业电气化

电气化发展促进全行业电气化水平稳步提升，作为反映全行业电气化程度的特征性指标，全行业（三次产业）用电占用能比重稳步提高。2017 年，全国全行业用电占用能比重达到 17.3%，比 2010 年提高了 3.3 个百分点。

“十二五”以来全国全行业（一产、二产和三产）用电占用能比重见图 8－9。

各行业中，第一产业用能结构相对更加稳定，其用电占用能比重长期保持在 16% 左右；第二产业主要受工业电气化加速影响，特别是近年来快速发展的高新技术产业、高端制造业普遍具备较高的电气化水平，使得第二产业电气化进程总体快于第一产业与第三产业。2010—2017 年第二产业用电占用能比重累计提高 3.5 个百分点，2017 年达到 18.0%，第二产业的电气化程度在各行业中处于最高水平；第三产业中的互联网和相关服务业、软件和信息技术服务业、充换电服务业与城市公共交通运输业等行业近年来用电量持续快速增长，带动第三产业电气化发展水平稳步提升。2017 年，第三产业用电占用能比重达到 13.7%，与第一、第二产业的差距正在逐步缩小。

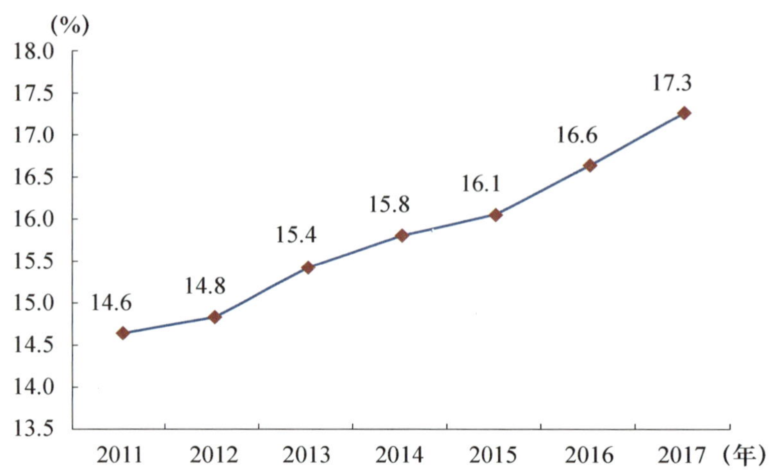

图 8－9 “十二五”以来全国全行业（一产、二产和三产）用电占用能比重

（数据来源：各行业用电量取自中电联 2011—2017 年《电力工业统计资料汇编》；各行业能源消费总量数据取自国家统计局《中国能源统计年鉴 2018》）

“十二五”以来全国各行业用电占用能比重见图 8－10。

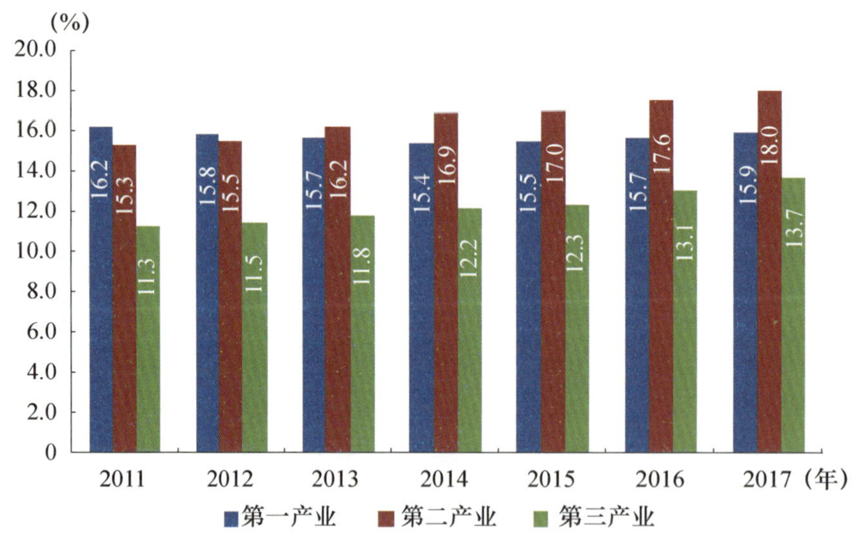

图 8－10 “十二五”以来全国各行业用电占用能比重

（数据来源：各行业用电量取自中电联 2011—2017 年《电力工业统计资料汇编》；各行业能源消费总量数据取自国家统计局《中国能源统计年鉴 2018》）

2. 重点行业电气化

（1）工业及高载能行业电气化

①工业用电占用能比重

工业作为主体用能行业，其电气化水平略高于第二产业。“十二五”以来，以电能作为主要耗能的新兴产业蓬勃发展，特别是进入“十三五”后，受工业发展新旧动能转换影响，装备制造业与高技术制造业用电量快速增长，带动工业电气化进程快于建筑业与交通运输业。2010—2017 年工业用电占用能比重累计提高 3.7 个百分点，2017 年达到 18.3%，比同一年第二产业用电占用能比重高出 0.3 个百分点。

“十二五”以来工业用电占用能比重见图 8－11。

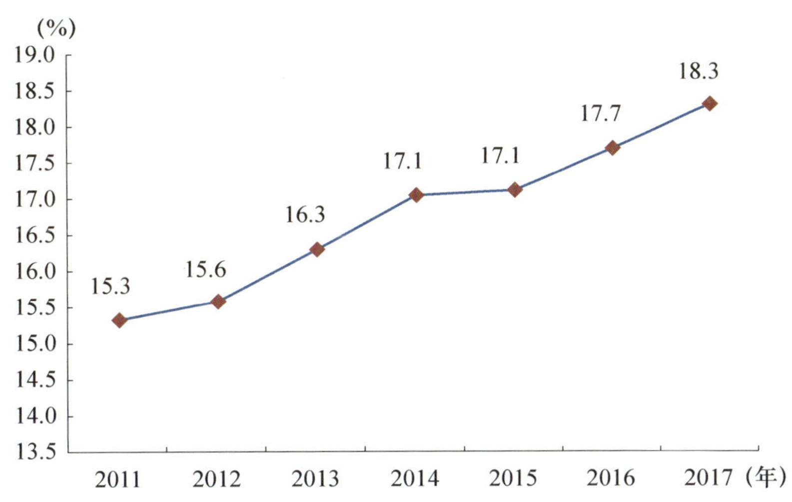

图 8－11 “十二五”以来工业用电占用能比重

（数据来源：工业用电量取自中电联 2011—2017 年《电力工业统计资料汇编》；工业能源消费总量数据取自国家统计局《中国能源统计年鉴 2018》）

②高载能行业用电占用能比重

2017 年，化学原料及化学制品制造业（以下简称“化工”）、非金属矿物制造业（以下简称“建材”）、黑色金属冶炼及压延加工业（以下简称“黑色金属”）、有色金属冶炼及压延加工业（以下简称“有色金属”）四大高载能行业合计用电占用能比重低于工业部门用电占用能比 13.6%，低于工业用电占用能比重 4.7 个百分点，反映出高载能行业整体电气化程度低于工业部门平均电气化水平。

“十二五”以来四大高载能行业合计用电占用能比重见图 8－12。

四大高载能行业中，有色金属行业电气化水平显著高于化工、建材和黑色金属行业，用电占用能比重保持略高于 30%；化工、建材、黑色金属行业电气化水平相当，用电占用能比重均处于 10%～12% 区间内，后续通过在钢铁行业提高电炉钢比重、在建材行业对部分产品规格较小的陶瓷和玻璃制品采用电加热窑炉替代、在化工行业的合成氨生产中的贫液泵上利用电动机替代蒸汽透平，对于提升高载能行业电气化水平具有较大潜力。

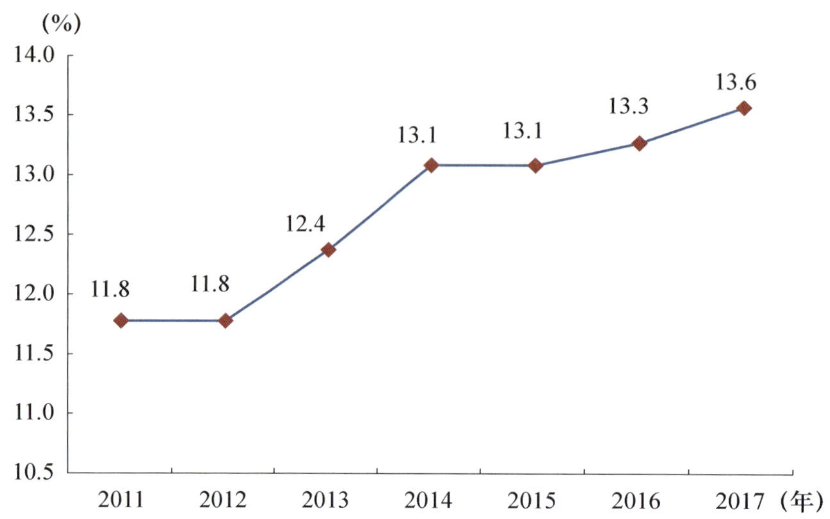

图 8－12 “十二五”以来四大高载能行业合计用电占部门用能比重

（数据来源：行业用电量取自中电联 2011—2017 年《电力工业统计资料汇编》；行业能源消费总量数据取自国家统计局《中国能源统计年鉴 2018》）

2015—2017 年四大高载能行业用电占用能比重见图 8－13。

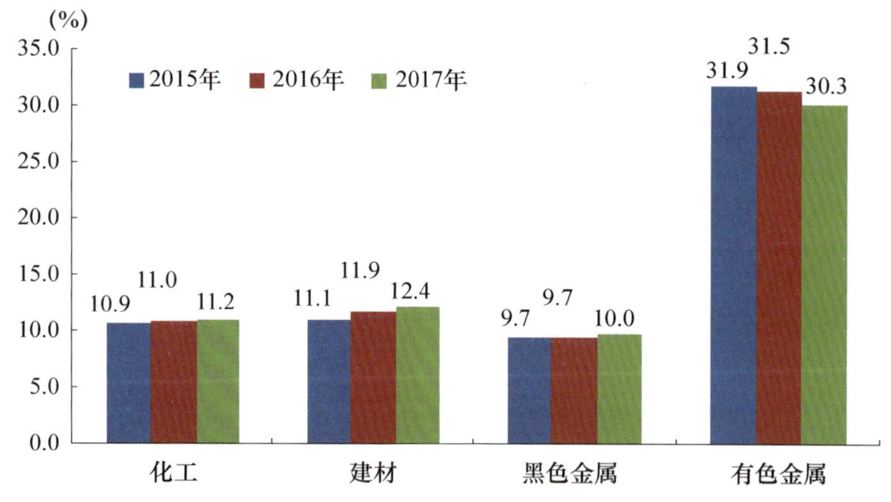

图 8－13 2015—2017 年四大高载能行业用电占用能比重

（数据来源：各行业用电量取自中电联 2015—2017 年《电力工业统计资料汇编》；各行业能源消费总量数据取自国家统计局《中国能源统计年鉴 2018》）

（2）交通运输、仓储和邮政业电气化

交通运输、仓储和邮政业现阶段电气化水平低于工业与建筑业。受电气化铁路与电动汽车快速发展影响，电能替代效应逐步显现，2010—2017 年交通运输、仓储和邮政业用电占部门用能比重累计提高 0.9 个百分点，2017 年达到 4.2%。后续随着电气化铁路建设范围进一步扩大、电动汽车保有量快速增长、港口岸电和机场 APU 等交通基础设施广泛实施电能替代，交通领域提高电气化水平具有很大潜力。

“十二五”以来交通运输、仓储和邮政业用电占用能比重见图 8－14。

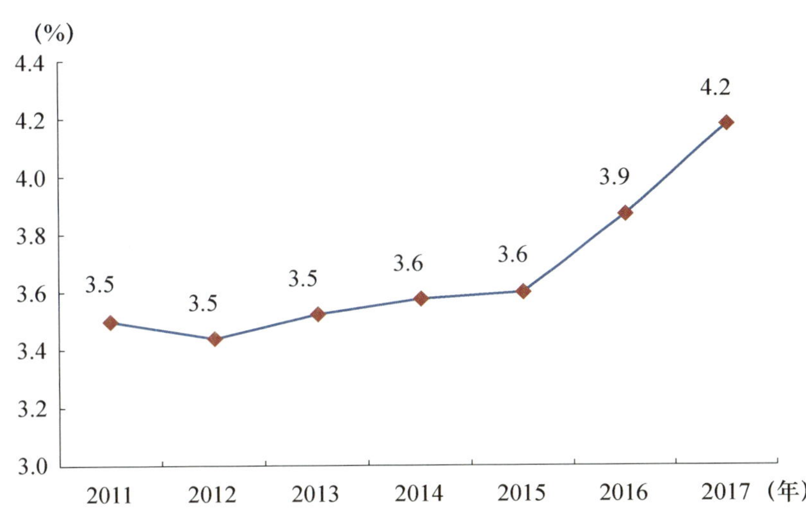

图 8－14　“十二五”以来交通运输、仓储和邮政业用电占用能比重

（数据来源：交通运输、仓储和邮政业用电量取自中电联 2011—2017 年《电力工业统计资料汇编》；交通运输、仓储和邮政业能源消费总量数据取自国家统计局《中国能源统计年鉴 2018》）

（3）批发、零售业和住宿、餐饮业电气化

批发、零售业和住宿、餐饮业电气化发展在各行业中长期处于较高水平。特别是“十三五”以来，充换电服务业用电量迅猛增长，对批发、零售业保持较高用电增速做出显著贡献。2015—2017 年批发、零售业和住宿、餐饮业用电占部门用能比重累计提高 2.6 个百分点，2017 年达到 25.5%。

“十二五”以来批发、零售业和住宿、餐饮业用电占用能比重见图 8－15。

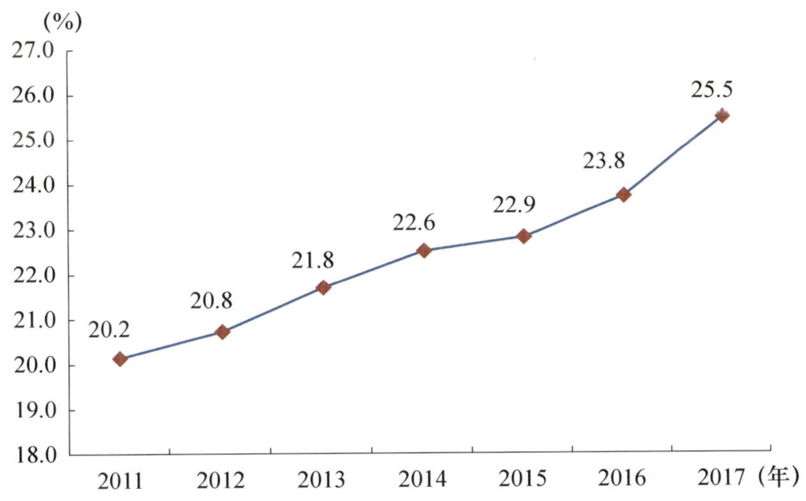

图 8－15　“十二五”以来批发、零售业和住宿、餐饮业用电占用能比重

（数据来源：批发、零售业和住宿、餐饮业用电量取自中电联 2011—2017 年《电力工业统计资料汇编》；批发、零售业和住宿、餐饮业能源消费总量数据取自国家统计局《中国能源统计年鉴 2018》）

专栏8－1　电动汽车发展概况

自工业和信息化部、国家发展改革委、科技部印发《汽车产业中长期发展规划》以来，我国明确了在新能源重点领域大力发展汽车先进技术，形成新能源汽车、智能网联汽车和先进节能汽车梯次合理的产业格局以及完善的产业配套体系，引领汽车产业转型升级。以国家层面有关规划、政策为导向，电动汽车以及充电基础设施的发展迈入提质增效的关键时期。

据公安部统计，2018 年全国新能源汽车保有量达 261 万辆，占汽车总量的 1.1%，其中纯电动汽车保有量 211 万辆，比 2017 年增加约 60 万辆。据中国电动汽车充电基础设施促进联盟统计，截至 2018 年年底，全国充电基础设施累计投运数量达到 77.7 万台，同比增长 74.2%。2018 年充电基础设施新增 33.1 万台，比 2017 年增长 36.8%，新能源增量车桩比近 4:1。

就现阶段而言，电动汽车车辆本身与电力系统的关联性主要体现在退役电池的梯次利用。国家电网、北汽新能源、中国铁塔等多家电力、汽车及电信企业均已开展与退役电池梯级利用相关研究与示范项目，在商业化探索中取得了一定程度的技术创新。目前，退役动力电池梯次利用目前总体仍处于产业发展初期。

四、居民生活电气化

居民生活用能是全国用能的重要组成部分，主要包括照明、家用电器、厨房用品、卫浴用品、采暖、制冷、私人交通等。我国居民用能结构中优质能源比重在呈现逐步上升趋势的同时，居民用能水平与发达国家相比还有很大差距，用能结构中电力、天然气等高效优质能源比重偏低，煤炭、薪柴、秸秆等劣质能源比重较高。

“十二五”以来，我国扎实推进电力普遍服务工作，在消除无电人口的基础上，促进城乡用电普遍服务均等化，拉动居民生活用电刚性增长。同时，在炊具、采暖与家用热水等重点领域大力开展电能替代，共同带动居民生活电气化水平稳步提升。2010—2017 年居民生活用电占用能比重累计提高 1.4 个百分点，2017 年达到 18.6%。

“十二五”以来全国居民生活用电占用能比重见图 8－16。

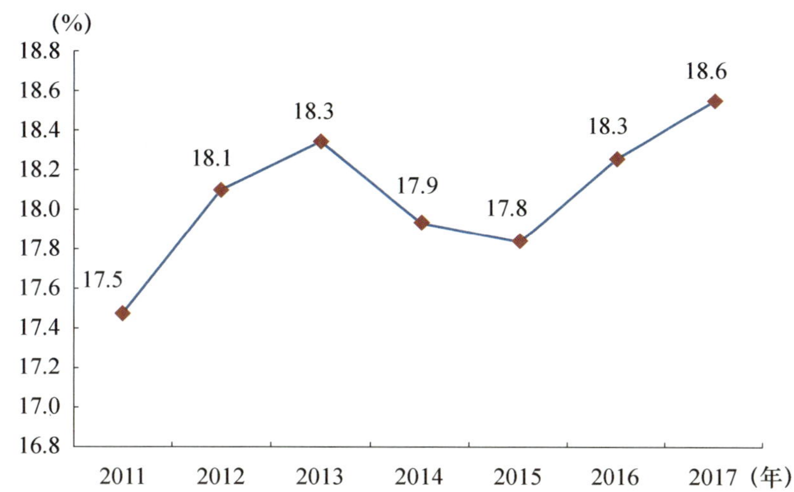

图8－16　“十二五”以来全国居民生活用电占用能比重

（数据来源：居民生活用电量取自中电联2011—2017年《电力工业统计资料汇编》；
居民生活能源消费总量根据国家统计局《中国能源统计年鉴2018》中的相关数据计算得出）

第九章　电能替代

电能替代推动电能占终端能源消费比重持续提升，是新时期电气化发展在电力消费侧的关键实施路径。在消费侧以电能作为重要的优质替代能源，实现终端用能的清洁、便捷、高效，加快终端能源消费领域的电能替代，持续扩大电能替代的实施范围，带动工（农）业生产制造、交通运输、居民生活等领域的电气化水平稳步提升。

一、电能替代概况

“十二五”以来，我国大力实施电能替代并在重点领域取得积极进展，电能替代对用电增长始终保持稳定的贡献率，替代电量与主要部门（工业、建筑和交通运输）用电占部门用能比重同步提升。

电气化发展过程中，对电能的刚性需求拉动用电量保持一定增速的同时，电能替代对扩大电能占终端能源消费比重起到重要的推动作用。在多重利好政策（图 9－1）影响下，各类市场主体积极参与电能替代工作。

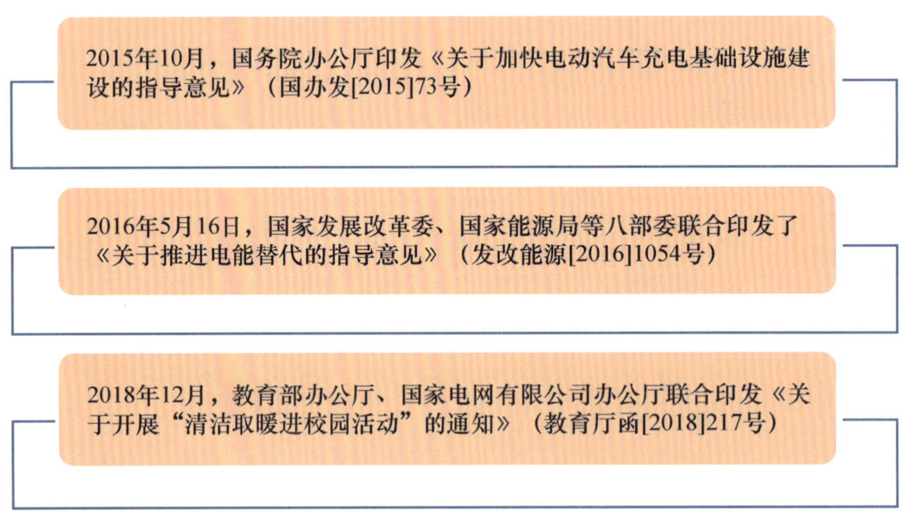

图 9－1　电能替代方面的利好政策

近年来，我国在居民采暖、工（农）业生产制造、交通运输以及其他等众多领域采取以电代煤、以电代油、农业生产电气化等多种方式积极推进电能替代工作，带动电能占终端能源消费比重逐年上升，2016—2018 年，全国替代电量均保持在

1000 亿千瓦时以上，并呈现出逐年增加的趋势，电能替代对 2016—2018 年全社会用电量增长的贡献率分别为 38.9%、32.8% 和 29.0%。

2016—2018 年全国替代电量及其对全社会用电量增长的贡献率见图 9-2。

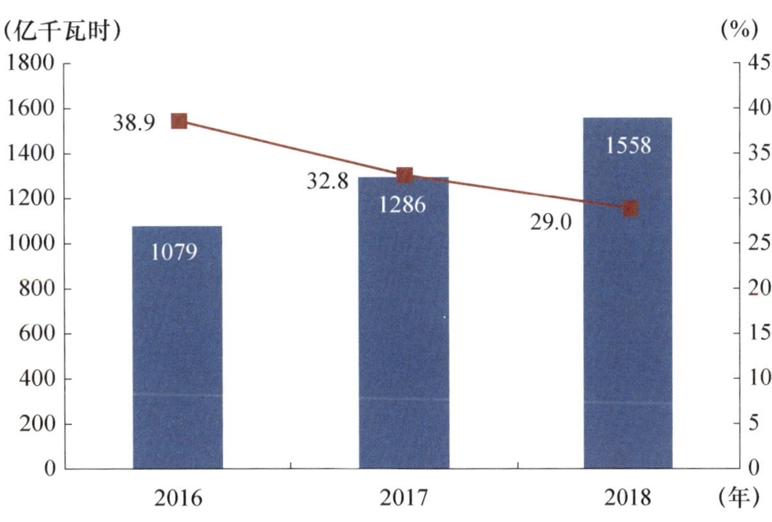

图 9-2　2016—2018 年全国替代电量及其对全社会用电量增长的贡献率

二、重点领域电能替代

1. 工（农）业生产制造领域

从替代电量组成结构来看，工（农）业生产制造领域占比 60% 以上。工（农）业生产制造领域包括工业电锅炉、建材电窑炉、冶金电炉等 8 类，2018 年完成替代电量约 968 亿千瓦时，占总替代电量的 62.2%，其中冶金电炉替代电量占工（农）业生产制造领域替代电量的比重最大，为 32.5%。

工（农）业生产制造领域电能替代主要技术形式见表 9-1。

表 9-1　工（农）业生产制造领域电能替代主要技术形式

工业电锅炉	直热式工业蒸汽电锅炉（电阻类、电极类）
	蓄热式工业蒸汽电锅炉（蓄热砖、无机熔融盐）
建材电窑炉	陶瓷电窑炉（梭式窑、隧道窑、辊道窑、推板
	水泥、石灰、石膏和岩棉窑炉
	微晶玻璃电熔窑炉（全电熔、电助熔）
	砖瓦电窑炉

续表

冶金电炉	直接加热电阻炉
	间接加热电阻炉（钟罩式光亮退火炉）
	电弧炉（钢包精炼 LF 炉）
	中/高频感应电炉
辅助电动力	电动鼓风机
	电动空压机
	电动挖掘机
	电液锤
	电动破碎机
矿山采选	采矿电铲
	矿山采选皮带廊
农业电排灌	电排灌
农业辅助生产	电保温设备
	电动制氧机
	电动喷淋机
农产品加工	电烤烟
	电制茶
	电烘干（包括粮食、槟榔、烤笋、香菇、烤莲）

在新技术方面，市场上出现了微波电窑炉技术、高温热泵烘干技术等应用于工业和农业领域的替代技术，较之传统加热方法可以显著提高工作效率和能效水平。

2. 交通运输领域

交通运输领域包括电动汽车、轨道交通、港口岸电和机场 APU 四类，2018 年完成替代电量约 131 亿千瓦时，占总替代电量的 8.4%，其中轨道交通替代电量占交通运输领域替代电量的比重最大，为 76.0%。随着我国大力发展电动汽车产业，电动汽车对燃油汽车的替代效应将更加明显。

交通运输领域电能替代主要技术形式见表 9－2。

表 9－2　交通运输领域电能替代主要技术形式

领域	技术形式
电动车	市政公共交通充（换）电站
	专用电动车
	民用乘用车充（换）电站
	民用电动汽车充电桩
	微型电动汽车
	低速电动车（电动自行车、摩托车、三轮车）
轨道交通	市政轨道交通
	铁路交通
港口岸电	船舶靠港岸电
	轨道式、轮胎式电动集装箱起重机
	港口码头电动皮带廊装卸
	岸电入海
机场桥载 APU	机场桥载 APU 替代

为保障电动汽车畅通出行，提高电动汽车充电运维服务水平，国家电网公司与南方电网公司在加快建设充电设施和公路快充网络的同时，推进共享、共赢的车联网生态系统建设，均建立了电动汽车网络管理平台。截至 2018 年年底，国家电网公司与南方电网公司充电网络平台分别累计接入自建和社会充电桩约 28 万个和 10 万个。图 9－3 为电动汽车充电网络平台元素。

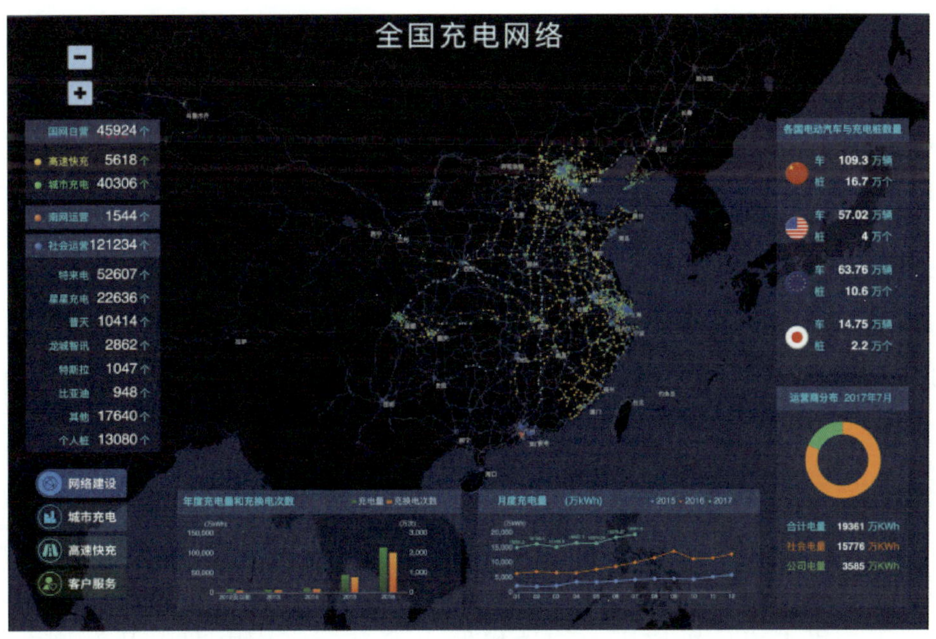

图 9－3　电动汽车充电网络平台元素

在充电模式方面，我国主要采用“整车厂商+设备制造商+运营商+用户”的模式进行经营；美国则以“充电 APP+云服务+远程智能管理”作为主要运营模式。

3. 居民生活领域

2016 年 12 月，习近平总书记在中央财经领导小组第 14 次会议上提出“宜气则气，宜电则电”，推进北方地区冬季清洁采暖，使居民采暖领域成为近年来电能替代的热点领域。2016 年以来，仅北京、天津、河北三地煤改电用户就达到 270 万，为京津冀地区环境改善发挥了积极作用。

技术方面，采暖主要包括直热式和蓄热式两大类。其中，直热式包括分散式电采暖、电（蓄）热锅炉以及热泵等（表 9－3）；蓄热式包括水蓄、固体蓄热和相变蓄热等。

表 9－3　直热式采暖主要技术形式

分散式电采暖	碳晶（纤维）
	石墨烯
	发热电缆
	电热膜
	蓄能式电暖器
电（蓄）热锅炉	直热式供暖电锅炉（电阻类、电极类、电磁涡）
	蓄热式供暖电锅炉（水蓄、蓄热砖、无机熔融盐）
热泵	污水源热泵
	水源热泵
	土壤源热泵
	空气源热泵
	低品位余热源（如电厂低温循环水）热泵

电采暖目前主要采用用户委托实施单位负责设备采购安装，后期用户自行维护为主的商业模式。部分电采暖改造项目通过政府特许经营的方式选择投资运营主体，由投资运营主体出资进行项目建设，参照当地热网取费标准为用户提供供暖服务。

电采暖直接采购和投资运行模式见图 9－4。

通过推动家庭电气化，2018 年完成替代电量约 76 亿千瓦时，约占总替代电量的 4.9%。随着居民生活水平的提高，我国城镇居民每百户常用电器拥有量已逐步接近发达国家水平，烘干机、烘焙机、扫地机器人等高端家用电器以及新型电炊具越来越得到中国家庭用户的青睐，后续具有较大的用电增量潜力。

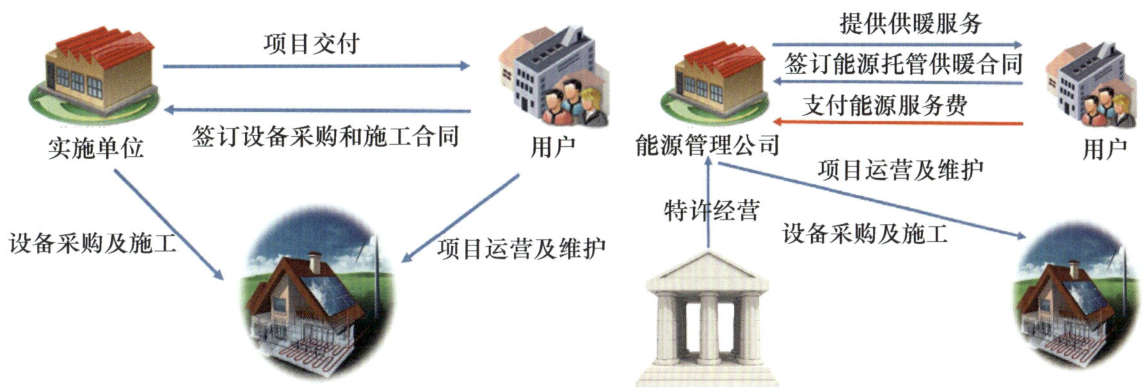

图9－4 电采暖直接采购和投资运行模式

4. 建筑领域

建筑领域对电能的消费包括建筑施工机械用电以及建筑终端用能两个方面，电能替代主要体现在建筑终端用能环节。通过在公共场所采用热泵、电锅炉、电采暖等先进技术实施电能替代，提高建筑领域用电占部门用能比重。

专栏9－1 建筑领域电能替代典型案例

河北农业大学10千伏蓄热电锅炉技术应用项目

国网河北电力公司积极推进北方地区清洁采暖，推动建成华北区域最大的单体集中式蓄热电采暖工程——河北农业大学10千伏蓄热电锅炉集中供暖改造项目。东、西两校区总供热面积为98万平方米，共配置6台10千伏电极蓄热电锅炉，总装机容量为7.2万千瓦，替代原有10台共计88蒸吨燃煤锅炉。

项目社会效益显著，每年可减少散煤消耗达1.3万吨，减少二氧化碳排放3.2万吨、二氧化硫295吨、氮氧化物86吨，项目实现年替代电量7300万千瓦时。同时，项目具有诸多优势。2000多平方米的煤渣场被29座高大的蓄热罐代替，校园环境干净整洁；锅炉由建设方负责运营，大幅降低人工成本；采用智能自动化控制系统，实现节能式供热与高效管理；选择低谷用电，在有效减少运行成本的同时，可以降低高峰期电网供电压力。该项目最终实现了政府、供电公司、采暖用户三方共赢。

5. 其他领域

其他领域主要包括燃煤自备电厂（地方电厂）替代、油田钻机油改电、油气管线电力加压、电（蓄）冷空调、大型公共建筑热泵5类，2018年完成替代电量约267亿千瓦时，占总替代电量的17.2%。其中，燃煤自备电厂（地方电厂）替代电量占其他领域替代电量的比重最大，为71.4%。

其他领域电能替代主要技术形式见表9－4所示。

表9－4　其他领域电能替代主要技术形式

燃煤自备电厂（地方电厂）替代	公共电网供电
油田钻机油改电	电钻机
油气管线电力加压	电力加压机
电（蓄）冷空调	蓄冷式中央空调（水、冰、有机相变）
	直冷式中央空调（活塞往复类、螺杆回转类）
大型公共建筑热泵	污水源热泵
	水源热泵
	土壤源热泵
	空气源热泵
	低品位余热源（如电厂低温循环水）热泵

第十章　能效管理与节能节电

能效管理与节能节电是新时期电气化发展在电力消费侧实现高效用电的重要抓手。控制能源消费总量，培育节能节电意识与开展电力需求则管理等措施有助于平抑电力尖峰负荷的增长，提高电力基础设施建设投资效率，推动构建资源节约型、环境友好型社会；严格控制能源消费总量，着力降低能源强度，提高电能利用效率；积极培育用户的节能节电意识，促进全社会逐步形成节约用电习惯；开展电力需求侧管理，引导用户参与电力需求响应。

一、能效管理

在全面加快生态文明建设、打赢大气污染防治攻坚战背景下，提高能效是我国能源革命的重要内容之一。2018 年，通过深化供给侧结构性改革、严格落实约束性目标责任、加快重点领域能效升级、不断完善节能降耗各项政策、推广节能市场化机制，我国超额完成年度能源强度与能源消费总量“双控”目标任务，为持续提高能效奠定了坚实基础。

1. 能源总量与强度

2018 年，我国一次能源消费总量 46.4 亿吨标准煤，同比增长约 3.5%，反映能源强度的单位 GDP 能耗降至 0.63 吨标准煤/万元（GDP 按 2010 年可比价格计算），同比下降约 3.1%。从发展趋势来看，“十二五”以来我国一次能源需求年均增速 3.2%，单位 GDP 能耗年均下降 4.0%，一次能源需求低速增长、单位 GDP 能耗稳步下降的态势清晰显现。

“十二五”以来全国一次能源消费总量与单位 GDP 能耗（GDP 按 2010 年可比价格计算）见图 10－1。从“十三五”能源消费总量与强度“双控”目标完成进展看，2015—2018 年，全国一次能源消费总量增长 3.41 亿吨标准煤，仅相当于“十三五”能源消费总量控制目标的约 48%；单位 GDP 能耗累计下降 11.3%，已经完成能耗累计降幅目标任务的 75%。2015—2018 年，通过持续加强能效管理、推动节能降耗，我国以能源消费年均增长 2.6% 支撑了经济年均增长 6.7%。实践结果表明，提高能效、控制能耗总量与降低能源强度显著缓解了我国经济增长对能源消耗增长的依赖程度，对从源头上减少污染物排放、应对气候变化发挥了重要支撑作用。

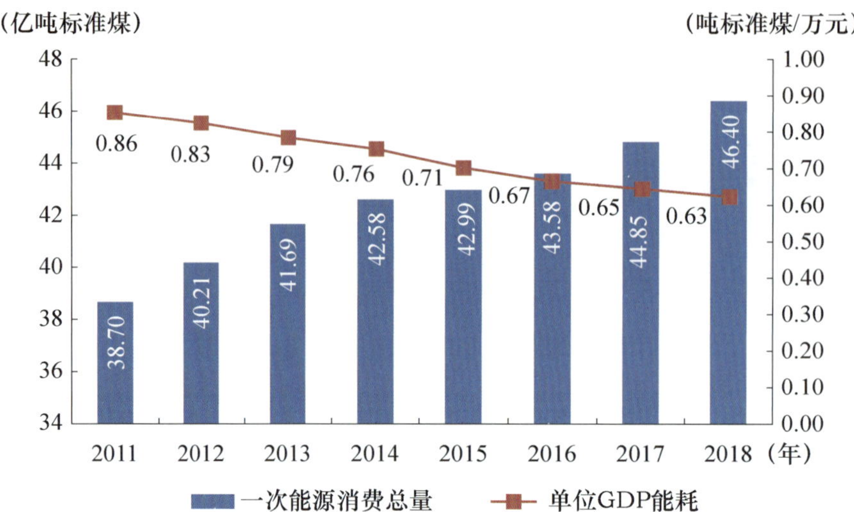

图 10－1　“十二五”以来全国一次能源消费总量与单位 GDP 能耗（GDP 按 2010 年可比价格计算）

（数据来源：2011—2017 年 GDP 数据取自国家统计局历年《中国统计年鉴》，2018 年数据取自国家统计局《中国统计摘要 2019》；2011—2017 年能源消费总量数据取自国家统计局历年《中国能源统计年鉴》，2018 年能源消费总量数据取自国家统计局《中国统计摘要 2019》）

重点领域节能政策与实践见图 10－2。

强化目标约束

· 将全国“双控”目标分解到各地区、主要行业和重点用能单位，国务院组织对各省、自治区、直辖市节能目标完成情况和措施落实情况进行评价考核

加强重点用能单位节能管理

· 组织开展重点节能单位“百千万”行动，由国家、省、地市分别对“百家”“千家”“万家”重点用能单位进行目标责任评价考核

实施重点节能工程

· 各级政府组织实施重点用能单位综合能将提升、城镇化节能升级改造、绿色照明、余热暖民、煤炭消费减量替代、能量系统优化等重点节能工程

推行节能市场化机制

· 加快建立用能权有偿使用和交易制度，并在浙江、福建、河南、四川4省开展试点；积极推行合同能源管理模式，完善节能降成本市场化机制

健全节能法规标准

· 健全绿色标识认证体系，开展能效领跑者引领行动；加强节能监督检查，查处违法违规用能行为

动员全社会节能

· 深入开展全民节能行动，强化宣传引导和社会监督；启动节能自愿承诺活动，引导用能单位自主节能提高能效

图 10－2　重点领域节能政策与实践

2. 单位 GDP 电耗

2018 年全国单位 GDP 电耗 941 千瓦时/万元（GDP 按 2010 年可比价格计算），比 2017 年高出 16 千瓦时/万元，比 2010 年降低 76 千瓦时/万元。从发展趋势看，"十二五"以来我国单位 GDP 电耗年均下降 1.0%，总体呈现稳中有降趋势，电能利用效率稳步提高，与我国能源利用效率不断提升的趋势基本相当。当前我国单位 GDP 电耗超出世界平均水平 1 倍，超出日本、德国总体水平近 3 倍，后续通过在重点领域开展节电工作，进一步提高电能利用效率具有很大潜力。

"十二五"以来全国单位 GDP 电耗（GDP 按 2010 年可比价格计算）见图 10－3。

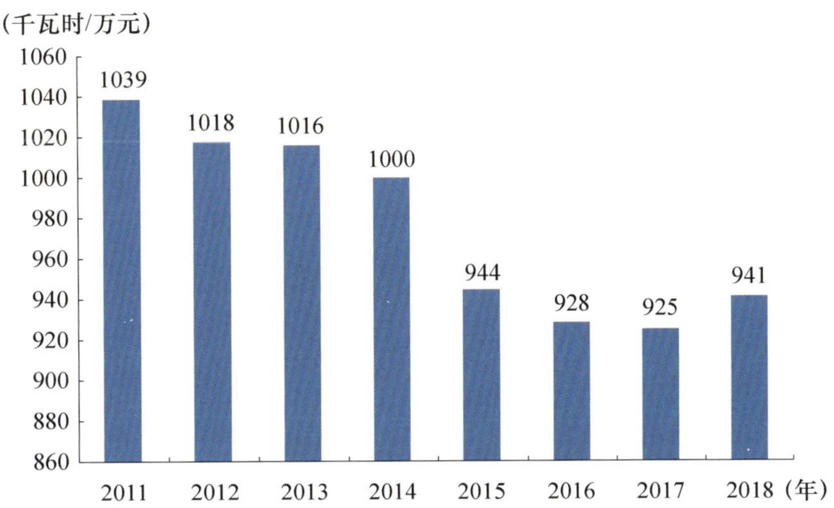

图 10－3　"十二五"以来全国单位 GDP 电耗（GDP 按 2010 年可比价格计算）

（数据来源：2011—2017 年 GDP 数据取自国家统计局历年《中国统计年鉴》，2018 年数据取自国家统计局《中国统计摘要 2019》；用电量取自中电联 2011—2018 年《电力工业统计资料汇编》）

二、节能节电[①]

1. 节能

节能是我国可持续发展的一项长远发展战略，是我国的基本国策。推动能源消费革命，需要大力提升能效水平，把节能贯穿于经济社会发展全过程和全领域。以此为导向，各行业持续推进节能工作，促进全国单位产值能耗持续下降。2018 年与 2017 年相比，我国单位 GDP 能耗下降实现全社会节能量 13986 万吨标准煤。

（1）工业节能

淘汰和化解过剩产能：2018 年，我国有色金属工业重点解决电解铝低端产能过剩、高端产能不足的结构性矛盾，严控电解铝新增产能，推进电解铝产能置换，电

① 本节相关节能节电成效数据均取自国网能源研究院有限公司《2019 中国节能节电分析报告》。

解铝产能扩张势头得到有效控制，近十年产量首次下降。石油化工行业陆续关闭能耗和环保不达标的企业，提高行业集中度。

余热能量利用技术：炼铁环节采用煤气透平与电动机同轴驱动高炉鼓风机技术，用煤气透平直接驱动高炉鼓风机，既能向高炉供风，又能回收煤气余热、余压。化工行业将硝酸生产工艺流程中产生的余热、余压进行回收，所转化的机械能直接补充在轴系上，用于驱动机组，减少能量多次转换的损耗。

推广高效火电技术：火电建设向着大容量、高参数、环保型方向发展。积极开展超超临界前沿技术创新，广泛开展火电机组节能改造和灵活性改造。采用二次再热、低氮燃烧器等技术降低煤耗，示范应用燃煤耦合生物质技术。

（2）建筑节能

推广绿色建筑：积极建立健全绿色建筑标准，倡导绿色建筑精益化设计，提高绿色建筑设计水平，促进绿色建筑新技术、新产品应用，通过采暖同分与空调节能设计等多种措施提高建筑物能效水平。

实施既有建筑节能改造：以北方供暖地区和夏冷冬热地区的既有建筑物为主要改造对象，结合旧城改造和老旧小区综合整治开展建筑节能改造。

发展装配式建筑：采用工厂生产的部品部件在工地装配的方式取代传统的现场建造式建筑方法。装配式建筑可缩短施工周期、大幅节水、节材，降低施工能耗20%。

（3）交通节能

提高机动车燃料效率：严格实施营运车辆燃料消耗量限值标准，实施营运车辆燃油消耗量及排放动态监测。

交通工具轻量化：在保证交通工具安全等指标符合标准要求的情况下，通过汽车轻量化、重载列车轻量化以及航空飞行器减重技术降低交通工具能耗。

交通用能多元化：通过发展新能源汽车、提高电气化铁路比重、推广港口岸电与机场岸电以及在车站、机场等公共建筑推广新能源发电等方式丰富交通用能方式，挖掘交通节能潜力。

2. 节电

电气化发展带动电能占终端能源消费比重提高的同时，节能节电依然是我国坚持绿色、可持续发展的战略和基本国策，也是电气化大力倡导的发展理念。以提高能效为引领，工业、建筑、交通等重点领域的节电均取得了显著成效，2018 年与 2017 年相比，我国工业、建筑、交通运输部门合计实现节电量 4051 亿千瓦时。

（1）工业制造业节电

工业制造业节电主要从以下几个方面开展：

采用低温余热发电技术：钢铁行业、热风炉、加热炉等设备产生的低温余热占钢铁行业余热量的35%左右，目前高温余热利用技术已经得到广泛应用，低温余热利用仍然具有良好的应用前景。目前主流的技术路线包括烧结余热发电、低热值高炉煤气–蒸汽联合循环发电、电炉余热和加热炉余热联合发电技术等。

电动机系统改造：电动机在加工制造行业的应用非常广泛，其中钢铁行业总耗电量的60%～70%来自电动机耗电。通过推广高效节能电机、采用变频调速等技术提高电动机系统效率，采用基于三相采样与快速响应的电力电子技术改造传统电动机均可以显著提高电动机能效水平，产生明显的节电效果。

改进工艺技术：根据工业生产制造各类工艺流程的特点进行有针对性的技术改造，也是提高用电效率的主要技术手段。如在有色冶炼行业，全面利用不停电开停槽装置等节电技术显著提升了铝材、铜材的能效水平；在建材行业利用高效优化粉磨节能技术、同步优化球磨机内部构造与研磨体级配方案，可以实现整个粉磨系统优质、高产、低电耗的使用效果。

（2）建筑节电

随着我国城镇化进程快速推进，建筑面积不断增加的同时，建筑部门的能耗也保持较高的增速，建筑部门的用电量约占全社会用电量的20%。作为重点用电领域，建筑部门采取的主要节电措施包括：

新建节能建筑与对既有建筑进行节能改造：通过执行节能设计标准，以及对既有建筑进行外墙、屋面、外门窗等围护结构的保温改造、分室温度调控改造等措施提高建筑节能水平。2018年通过新建节能建筑与对既有建筑进行节能改造实现节电375亿千瓦时。

推广绿色照明：我国照明用电量占全社会用电量的比重超过10%，因此推广绿色照明是建筑节电的主要方向。2018年通过采用节能灯替代白炽灯等措施，实现节电约2000亿千瓦时。

普及高效智能家用电器：我国是家用电器生产和消费大国，家电年耗电量约占全社会居民生活用电量的80%，随着城镇化进程持续推进，智能家电与节能型家电在家用电器总销量中的比重逐步提高。2018年通过普及高效智能家用电器实现节电约740亿千瓦时。

应用可再生能源：分布式发电以及热泵等技术已步入成熟应用期，光电建筑的规模不断扩大，利用可再生能源可以满足一定比例的建筑本体用电需求，为建筑节电提供了更加多样性的选择。

（3）交通节电

在交通运输领域中，公路、铁路、水运与航空四种主要运输方式中，电气化铁路的用电量最大。截至2018年年底，全国电气化铁路里程接近9万千米，高铁运营里程达到2.9万千米，超过世界高铁总里程的三分之二。作为交通系统节电的重点领域，电气化铁路节电的主要措施包括：

优化牵引力结构：采用永磁牵引技术的高铁机车，可以实现比主流异步电动机功率提高60%的同时，降低70%电动机损耗。

再生制动能量利用：通过车辆制动时将动能转化为电能回馈电网的方式，或者将再生制动能量利用电容等装置进行存储并循环利用的方式实现车辆制动能量的利用，从而节约电能。

推广节能产品：利用可变电压可变频率的变压控制装置，可将供电线路中的直流电转换为交流电，根据机车运行状态调整电动机出力，从而减少耗电量。此外，采用非合金的牵引变压器可比传统变压器减少近70%的空载损耗。

加强运行管理：通过改进电气化铁路线路质量，做好建设、维护工作，从而提高机车运行效率。将光伏发电等可再生能源产生的电力引入站点供电系统，同时结合对运输场所的照明、电梯等设备的能效管理，实现铁路场站的有效节电。

三、电力需求侧管理

1. 发展概况

电力需求侧管理是指通过采取有效措施，引导电力用户科学用电、合理用电、节约用电，提高电能利用效率，优化资源配置，实现最低成本电力服务所进行的用电管理活动。需求侧主要包括能效管理、负荷管理和有序用电。

能效管理主要是采用各种先进技术、管理手段和高效设备提高终端用电效率，降低单位产品能耗或者单位能耗。负荷管理是通过加强管理或者蓄能技术改善用电方式，降低用电负荷，实现削峰、移峰、填谷，减少或者延缓对发供电资源的需求。有序用电是在电力供应紧张的情况下，采用行政、经济、技术等手段调节电力需求，通过有保有限的原则引导用户有效利用电能，确保电力供需平衡。

目前我国电力供应形势良好，需求侧管理主要集中于能效管理和负荷管理工作。2011年国家发改委印发《电网企业实施电力需求侧管理目标责任考核方案（试行）》（发改运行〔2011〕2407号），从2012年起每年对国家电网公司、南方电网公司通过需求侧管理完成的节约电力电量进行目标责任考核。2012年，北京、苏州、唐山、佛山被列入首批电力需求侧管理城市综合试点。政府部门与电力企业协同深入推进电力需求侧管理，实现电力供给侧与需求侧相互配合、协调联动，有效保障了电力供需平衡、促进电力资源优化配置。

2. 实施成效

2018年主要电网企业合计完成节约电量166亿千瓦时，节约电力435万千瓦，其中国家电网公司、南方电网公司均超额完成电力需求侧管理目标任务。国家电网公司全年节约电量131亿千瓦时、电力359万千瓦；南方电网公司节约电量31亿千瓦时、电力69万千瓦；内蒙古电力公司节约电量3亿千瓦时、电力4万千瓦；陕西地电公司节约电量1亿千瓦时、电力3万千瓦。

2012—2018年，全国累计节约电量1014.7亿千瓦时，节约电力2422.9万千瓦，比目标任务分别超额完成183亿千瓦时和688万千瓦。

2018年电力需求侧管理目标完成情况与2012—2018年需求侧管理节约电量和电力情况分别见图10－4、图10－5。

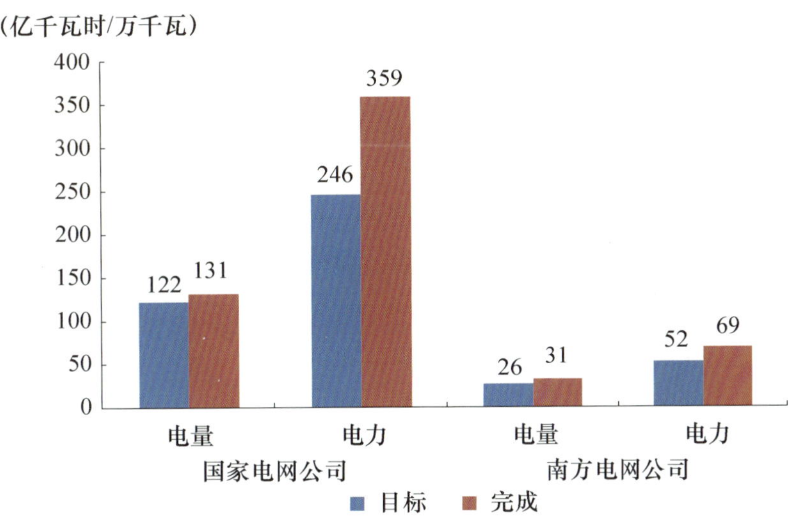

图10－4　2018年电力需求侧管理目标完成情况

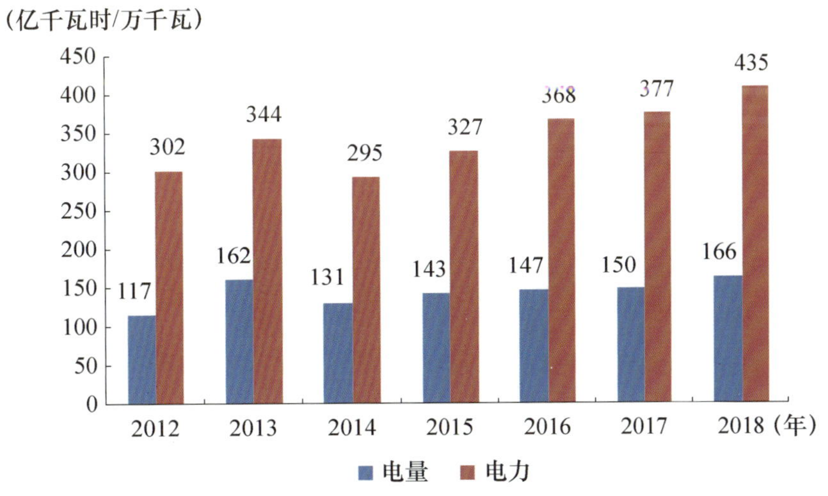

图10－5　2012—2018年需求侧管理节约电量和电力情况

北京、苏州、唐山、佛山4个需求响应综合试点城市，分别结合自身电力负荷特性与需求侧响应工作基础，积极发挥财政资金的引导作用，持续开展电力需求侧管理的技术创新和制度创新，通过能效电厂、需求响应等一系列综合措施，推动需求侧管理工作取得积极成效。

随着需求侧响应技术的不断进步，空调等可中断负荷参与需求侧响应的能力得到提高，用户主动参与需求侧响应的价格激励制度不断推出，主动需求响应具备了更灵活的响应能力。

主动需求响应典型成效 2016 年江苏省首次实施了全省范围内的主动需求响应，参与用户总计达 3154 户，响应负荷合计达 352 万千瓦，响应规模远远超过了美国 PJM 电力市场创下的单次需求响应减少负荷最大 164.1 万千瓦的历史纪录。

主动需求响应技术日益成熟，推动需求响应形式不断丰富，由降低电网负荷的削峰方式向增加电网负荷的填谷方式拓展。

“填谷”式需求响应典型成效 2018 年 6 月 18 日，上海市首次实施的大规模“填谷”式电力负荷需求响应，需求响应单次最大提升负荷 105.9 万千瓦，响应时段平均填谷负荷 87.3 万千瓦，填谷负荷量占夜间电网低谷负荷总量的 8.4%。

随着储能技术在电力系统中应用规模稳步增大，储能在需求侧响应中逐渐发挥作用。

储能参与需求响应典型成效 2018 年 2 月，江苏省成功开展商业储能参与电力需求侧响应行动，20 兆瓦储能电站和园区电力用户积极参与，在用电低谷期累计“填入”电力负荷约 18.9 万千瓦，其中储能累计“填入”电力负荷约 9 万千瓦。

第十一章　用电营销服务

构建现代电力营销服务体系、优化用电营商环境为新时期电气化发展在电力消费侧提升终端用户电力获得感提供技术支撑与基础保障。新形势下，用电需求的增长与用户对用电体验要求的提升对新时期电力营销服务水平提出了更高的要求，电力企业持续推动营销服务技术创新与管理创新、丰富现代电力营销服务内容，政府与企业一道、协同推进“获得电力”服务水平提升工作，为广大用户“用好电”提供高效、智慧、贴心的用电服务。

一、现代电力营销服务

1. 发展概况

面对客户服务诉求个性多元、电力市场化改革深入推进、能源服务市场快速发展等形势变化，电力企业以客户为中心、以服务为根本、以市场为导向，创新实践与新服务、新产品、新业态、新模式相适应的营销服务体系，在完善现代电力营销服务体系方面取得积极进展。

电网企业作为提供用电服务的实施主体，依托电力 95598 平台实现客户服务热线 95598 集中运营，统一服务标准；开发 APP 拓展在线办电功能，开启营业厅智能化服务模式，通过物联网、人工智能、移动应用等新技术，实现营业厅业务、设备、服务环境的智慧升级，开启营业厅客户服务智能模式；开展台区、低压客户停电与电压监测，实现客户低电压与停电问题的常态化治理；持续推进智能电能表应用，有效支撑客户停电快速定位和主动抢修服务。

2. 实施成效

以打造现代电力营销服务体系为引领，电力企业积极推进源网荷储协同服务与能源互联网服务生态圈建设，全面推进电能替代、综合能源服务及电动汽车充电服务等重点领域的市场开拓，加快能源电商“新零售”业务发展，持续提升营销精益化管理水平。

（1）国家电网公司实施成效

国家电网公司面对建设具有中国特色国际领先的能源互联网企业发展需要，以满足客户多元化用能需求为出发点和落脚点，构建两级运营运维协同体系，适应性优化组织架构、制度规范等，建设客户聚合、业务融通、数据共享、创新支撑的

“网上国网”线上公共服务平台。

国家电网公司营销服务体系见图 11－1。

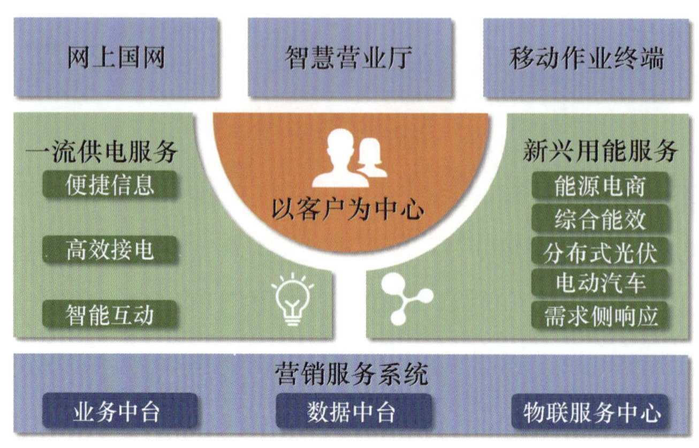

图 11－1 国家电网公司营销服务体系

以渠道为抓手，建设“网上国网”、智慧营业厅、移动作业终端，重塑客户服务体验；以客户为中心，构建统一客户模型、生成客户全景画像、设计全旅程专属服务，提升优质服务水平；以创新为动力，创新计费结算、业务接入、现场服务模式，提供便捷、智能、高效的一流服务；以市场为导向，依托大数据分析、线下渠道推广、线上渠道贯通、业务流程完善，支撑能源电商、综合能效、分布式光伏、电动汽车等服务，满足多样用能需求；以技术为支撑，建设客户全物联、共享大中台、灵活微应用的营销服务系统。

国家电网公司营销服务体系建设取得了显著的经济效益与社会效益。

经济效益：通过开展线上办电和推广资料电子化，有效节省了线下人工服务成本和运营费用；通过建设统一支付交费服务，降低商业银行佣金、网络投入成本。

社会效益：为客户提供办电、交费及综合能源服务“一网通办”，不断提升客户体验。以浙江为例，业扩平均时限下降约 30%，服务承诺兑现率达 99.99% 以上，95598 业务回访满意率达到 99.61%。

（2）南方电网公司实施成效

南方电网公司积极构建现代供电服务体系，推动营销服务转型升级，促进电能消费更加便捷。

升级客户服务新体验：以客户为中心，满足客户多层次、多样化、高质量用能需求；升级打造“全渠道、全客户、全业务、全数据”的互联网统一服务平台，实现“线上＋线下”业务深度整合；推动实体营业厅向客户体验厅转型，实现“体验与服务并重”的升级；形成完善的客户全方位服务管理体系和客户问题解决机制；为客户提供多元增值服务选择。

南方电网公司互联网统一服务平台架构示意见图 11 –2。

图 11 –2　南方电网公司互联网统一服务平台架构示意

创新营销管理新模式：以市场化为导向，积极推进电力市场的建设，有效参与市场化业务竞争；全面提升客户服务精细化水平，实现业扩、电费、线损、供需保障等核心业务的精细化；全面实现客服、计量、稽查业务的集约化管理模式。

激发营销发展新动能：实现由表计管理向装置管理的转变，营销装备智能化水平不断提升，逐步推广“多芯”智能电表和宽带载波等通信技术，支持未来智能家居、智慧用电发展需要；建成营销大数据中心，并实现数据应用价值化；移动终端作业全面推广，实现主要业务系统的云化升级，努力成为能源价值链的整合商，促进电能的高效、便捷利用。

二、用电营商环境

1. 发展概况

世界银行经过十几年的探索、整理和归纳，建立了一整套衡量各国营商环境的指标体系——企业营商环境指标。这套指标是世界银行为衡量各国小企业运营的客观环境而设计的，排名在一定程度反映了各国企业营商的便利程度。目前，营商环境指标体系共有 10 项指标，分别为“开办企业、办理施工许可、获得电力、登记财产、获得信贷、保护少数投资者、纳税、跨境贸易、执行合同、办理破产”。

作为反映一个国家用电营商环境水平的重要评价指标，“获得电力”在行业内称“用电报装”，有时也简称“办电”，其指标主要反映企业获得电力供应的便利程度，主要测评一家企业获得永久性电力连接的所有手续，包括向电力企业提出申请并签订合同、从其他机构办理的一切必要的检查和审批手续，以及外部的和最终的连接作业。世界银行“获得电力”考察4项指标：环节、时间、成本、供电可靠性和电价透明度。环节是指获得电力需要经过哪些环节；时间是指获得电力所需要的天数；成本是指办电的费用占该经济体人均收入的百分比；供电可靠性和电价透明度指标主要是指供电服务的质量和电价政策、用电费用是否透明等。

按照党中央、国务院关于深化“放管服”改革和优化营商环境的决策部署，在国家发展和改革委员会、国家能源局、财政部等的统筹协调下，中央政府与地方政府、电力企业协同努力，通过对标国际先进水平、剖析我国“获得电力”现状、聚焦企业关切和需求，进一步推进“获得电力”服务水平提升工作，持续优化用电营商环境。

2018年3月，为贯彻落实国务院办公厅要求，国家能源局组织开展了核实解决施工基建用电报装存在问题的工作，印发了《核实解决施工基建用电报装存在问题工作方案》，组织派出能源监管机构督促电网企业对各地2017年以来完成施工许可的住宅类和工业类建设项目用电报装进行了全面梳理自查，核实解决反映的问题。

2018年5月，国家能源局在全国范围内启动了用户“获得电力”优质服务情况重点综合监管，组织各派出能源监管机构切实加大监管力度，推动用电营商环境持续改善，同时密切关注12398能源监管热线投诉举报和意见、建议，对群众反映集中的问题实施重点督办，确保用户“获得电力”便利水平明显提升，提高人民群众对优质电力服务的获得感。据电网企业报消息，国家电网公司、南方电网公司、内蒙古电力公司2018年办理电力用户用电业务平均时间分别为45、48和49个工作日。

电力企业不断优化客户服务全业务流程，提升业扩效率，加大投资界面延伸力度，降低用能成本，让客户用电省时、省钱、省心，以更好的办电体验优化营商环境；着力提升业扩办电效率，办电业务流程和平均接电时间不断压缩；实施城乡无差别服务，不断提升供电能力和供电质量，为重要客户提供更加可靠的电力保障。

2. 实施成效

我国致力于中小企业营商环境改革，2018年累计实施7项改革，改革数量位列2018年营商环境改革全球排名前十，位居东亚太平洋地区之首。结合落实国务院扶持小微企业政策，我国明确以北京、上海为示范引领，将小微企业作为提升“获得电力”排名的攻坚重点。电力企业以提高企业供电服务质量为重点，将“获得电力”作为提升营商环境的突破口。对标世界银行评价体系，北京、上海、广州、深圳等地区均部署实施小微企业供电服务质量提升专项行动。

2018年10月世界银行发布的《2019年营商环境报告》指出，中国营商环境首次进入世界前50名，“获得电力”指标得分92.01，排名第14位，较2017年得分提高23.18分，排名提升84位，在我国营商环境10项指标中得分提高最多，排名提升幅度最大。其中，“环节”和“成本”两项分指标位居世界第一。在环节方面，由5.5个减少到3个，与另外24个经济体并列世界第一；在成本方面，实现接电零成本，与日本和阿联酋成为仅有的三个零成本接电经济体。

2014—2019年我国“获得电力”指标排名见图11-3。

图11-3　2014—2019年我国“获得电力”指标排名

（数据来源：取自世界银行历年《营商环境报告》）

（1）国家电网公司实施成效

国家电网在公司系统全面推广低压小微企业零上门、零审批、零投资的“三零”办电服务。截至目前，公司范围直辖市、省会城市均已实行小微企业“三零”办电服务，累计14.7万户小微企业享受到“三零”服务，合计接电容量为354.7万千伏安，接电时间均控制在30个工作日内（最短1个工作日，最长27个工作日）；供电企业增加电网投资约41亿元，帮助小微企业节省接电费用超125亿元，为支持小微企业发展做出积极贡献。同时，在公司系统全面推广高压大中型企业省时、省力、省钱“三省”办电服务，持续提升客户“获得电力”便利度和获得感。

①精简办电环节，实现小微企业“零上门”、大中型企业更省力。大力推行“互联网+”服务模式，强化政企信息共享，小微企业推行电子供用电合同在线签订，大中型企业推行客户经理主动上门服务，小微企业、大中型企业办电环节由2018年之前的5个、7个精简至3个、4个。国网浙江、江苏、山东等公司全面推广“网上国网”，实现5项复杂业务客户“最多跑一次”，16项简单业务客户“一次都不跑”；河北、山东、河南等公司推动政企信息互联互通，通过政务服务平台自动获取客户身份证、营业执照、不动产证等信息，减少客户提交资料的种类，实现客户办电

“一链办理”。

②压减接电时间，实现小微企业“零审批”、大中型企业更省时。小微企业实现供电方案、工程设计和物料清单现场自动生成，并由供电企业办理外部线路占掘路等行政审批手续；大中型企业实现电源点最优选择和供电方案辅助制订，平均接电时长由2018年之前的59天、34天分别压减至50天、15天以内（59天和50天为大型企业平均接电时长，34天和15天为中型企业平均接电时长）。

③降低办电成本，实现小微企业“零投资”、大中型企业更省钱。在直辖市、省会城市中，除个别经营困难、配网条件较差的单位外，其他城市160千伏安及以下项目实行低压接入，并延伸电网投资界面至客户红线，实现小微企业接入工程“零投资”；加快配电网延伸布点，实行大中型企业就近接入，免费提供工程造价咨询服务，帮助降低办电成本，让电力客户分享电网发展红利。

（2）南方电网公司实施成效

南方电网公司进一步提升营销服务水平，持续优化电力营商环境。2018年出台《南方电网公司进一步提升供电服务水平优化电力营商环境的行动方案》和《公司进一步优化电力营商环境十项举措》。

①持续提升办电效率。将高压、低压客户业扩报装流程从原来的5个环节分别缩减为3个环节、2个环节。实施业扩报装工单“主人制”，推行业扩报装全过程管理。2018年，低压客户、高压客户接电时间比2017年末分别缩减34%、22%。2019年1—5月，小微企业、高压单电源客户平均接电时间比2018年年末分别下降43%、50%。

②实施小微企业接电零成本。继续开展投资界面延伸到客户红线，2018年延伸投资（减少客户投资）136亿元。粤港澳大湾区涉及的广州、深圳等9个城市实行新增报装用电容量200千伏安及以下客户低压供电，实现小微企业接电零成本。

③实现客户办电“一次都不跑”。大力推行“互联网+”电力服务，以“统一服务品牌、统一客户权限、统一服务功能、统一后台管理”思路，整合网、省级网上营业厅、微信服务号等互联网服务渠道，建成了行业领先、初具规模的互联网统一服务平台，实现客户办电“一次都不跑”。在深圳试点推行“无感过户”，客户通过“南方电网95598”支付宝生活号刷脸办理用电过户，全过程1分钟之内即可办毕。

④重点突破，打造广州、深圳用电营商环境“样板工程”。将广州、深圳供电局列为南网优化电力营商环境示范单位，组织广州、深圳供电局努力走在全国前列。广州供电局致力于打造“花城事好办，用电更简单”的电力营商环境，供电服务进驻政务与不动产登记中心，实时共享信息。小微企业用电报装外线工程并联审批系

统已贯通，审批总时间为5个工作日。创新推出新建临电可租赁共享、“电能保”电力保险等服务。深圳全面推出更便捷、更省钱、更透明、更可靠、更智能的“五优服务”，深入践行30项具体举措，推出“今天提申请，明天用上电”的极速小微企业用电报装服务。全国首家推出日电量查询和“停电地图”服务，做到电量使用更透明、抢修复电全过程展示。

第四篇 可持续发展

提供民生保障、应对气候变化、实现可持续发展是全球共同的责任和使命。电气化是支撑能源系统与电力工业可持续发展的重要抓手，电气化进程下的电力普遍服务着力实现电力“人人享有”，市场化改革推动电力资源大范围内优化配置，低碳电力发展为护美绿水青山做出积极贡献。

电气化在可持续发展层面包含5项评价指标，分别为城乡居民户均用电装接容量、人均生活用电量、平均销售电价、单位火电发电量二氧化碳排放强度与单位发电量二氧化碳排放强度。2018年，全国城乡居民户均用电装接容量为5.74千瓦/户，人均生活用电量提高到696千瓦时/人，平均销售电价（含税，不含基金及附加）降至0.599元/千瓦时，单位火电发电量二氧化碳排放强度降低至约841克/千瓦时，单位发电量二氧化碳排放强度降低至约592克/千瓦时。

第十二章　电力普遍服务

电力工业是国民经济和社会发展的重要基础行业，作为具有典型网络特征的公共服务型行业，电力工业具有普遍服务的典型特质。电力普遍服务提供满足受助对象照明等基本生活需求所需要的电能。电力作为一种基本公共服务，实质上是“以人为本”发展理念的具体体现。确保所有用户都能以合理的价格，获得可靠、持续的基本电力服务，是现阶段以电气化为发展特征的电力工业需要提供的基础保障和需要解决的基本问题。

一、电力普遍服务概述

1. 普遍服务的定义

1907 年，美国电话电报公司（AT&T）总裁 Theodore Newton Vail 在公司年度报告中首次提出了“普遍服务”概念。普遍服务是人类社会发展到一定阶段后，由一国政府从维护全体公民平等地位和基本权益的角度出发，通过制定法律、政策和具体措施，旨在使全体公民无论收入高低，无论居住在本国的任何地域（包括农村地区、边远地区或其他高成本地区），都能以普遍可以接受的价格，获得某种满足基本生活需求而推行的一项政府公共职能。普遍服务要求对任何人都要提供无资费、无质量与地域歧视且能够使人们负担得起的产品或服务，已经成为多数国家网络型公用事业（如邮政、电力、交通、供水、供热等）承担的社会责任和重要义务。

2. 电力普遍服务的内涵

电力普遍服务是由政府主导、电力企业承担、全社会共同受益，重点提高偏远落后地区及低收入群体生活质量的一项重要公共职能。电力普遍服务水平不仅体现了一个国家对人们生存权和发展权的保障程度，也是实现能源基本服务均等化、全面促进社会发展等战略目标的重要标志，还是衡量一国政府为民理政绩效状况的重要指标。

二、电力普遍服务历程与成效

1. 电力普遍服务历程

电力普遍服务是我国电力工业与电气化发展的重要组成部分，实施电力普遍服务促进了我国经济社会以及地区间的协调发展，是构建社会主义和谐社会，实现全面建设小康社会的基本前提，是能源领域实现“补短板”精准扶贫的具体体现和重要抓手。

2002 年，国务院印发的《电力体制改革方案》中首次出现了电力普遍服务概念，标志着国家正式明确电力企业承担电力普遍服务的义务。该文件明确指出：监管电力普遍服务政策的实施是国家电力监管委员会①的主要职责之一。国家电力监管委员会将我国电力普遍服务定义为“国家制定政策，采取措施，确保所有用户都能以合理的价格，获得可靠的、持续的基本电力服务”。

我国电力普遍服务历程可以分为 4 个发展阶段（图 12－1）：

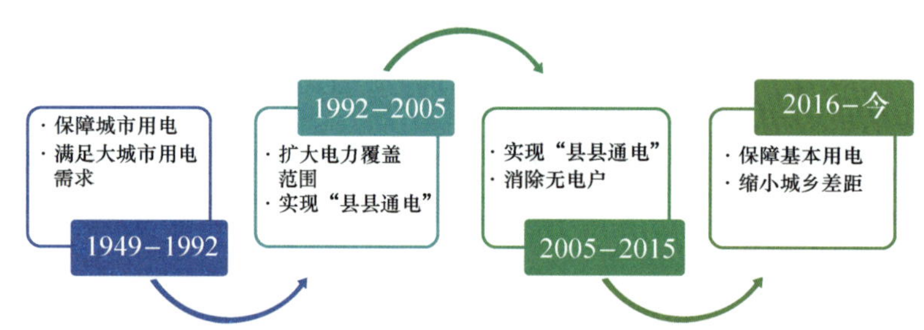

图 12－1　我国电力普遍服务的发展阶段

第一阶段为 1949—1992 年，保障城市用电阶段。这一阶段普遍服务的主要任务是保障城市用电，满足人口密度大的城市用电需求。

第二阶段为 1992—2005 年，实现“县县通电”阶段。这一阶段普遍服务的主要任务是扩大电力覆盖范围，供电到各主要的乡镇。1992 年我国农户通电率为 87%，边远地区存在 1.2 亿农村人口没有实现通电。截至 2005 年年底，我国基本实现“县县通电”，国家电网公司所辖供电区域内乡、村、户通电率分别达到 99.9%、99.8%、99.4%，南方电网公司所辖供电区域内行政村通电率达到 99.5%，户通电率达到 98.4%；内蒙古自治区行政村、户通电率分别达到 97.3%、98%。

第三阶段为 2005—2015 年，消除无电户、实现“县县通电”阶段。这一阶段普遍服务的主要任务是扩大电力覆盖范围，供电到较为偏远的自然村。2015 年，随着青海、内蒙古、云南、甘肃、四川等地无电人口的全面通电，我国基本实现了“户户通电”的目标。

第四阶段为 2016 年至今，进入实现城乡用电普遍服务均等化阶段。随着“户户通电”目标的实现，我国电力普遍服务进入新阶段，保障基本电力需求，缩小城乡差距，保障用电公平成为现阶段的普遍服务主要任务。

我国出台了一系列政策推进电力普遍服务，取得了积极成效。电力普遍服务主

① 2013 年 3 月，《国务院关于提请审议国务院机构改革和职能转变方案》将国家能源局、国家电力监管委员会的职责整合，重新组建国家能源局，由国家发展和改革委员会管理；不再保留国家电力监管委员会。

要政策及内容见表 12 – 1。

表 12 –1　我国电力普遍服务主要政策及内容

时间	政策	主要内容
1992 年	《电力扶贫共富工程》	全国农户通电率达到 95%
1998 年	《关于改造农村电网改革农电管理体制实现城乡同网同价的请示》	两改一同价
2006 年	《“新农村、新电力、新服务”的农电发展战略》	加快农村电网建设，实施“户户通电”工程，提高农村电气化水平
2013 年	《全面解决无电人口用电问题 3 年行动计划》	目标为 2015 年年底全部解决无电人口用电问题
2014 年	《国家能源局国务院扶贫办关于“光伏扶贫”工作的会议纪要》	实施光伏扶贫工程
2015 年	《关于进一步深化电力体制改革的若干意见》及配套文件	保障电力普遍服务
	《配电网建设改造行动计划（2015—2020 年）》	提升乡村电力普遍服务水平，加快边远贫困地区配电网建设，解决边远贫困地区用电问题
	《关于加快贫困地区能源开发建设推进脱贫攻坚的实施意见》	目标为 2020 年基本实现农村动力电全覆盖
2016 年	《农村小水电扶贫工程试点实施方案》	将小水电建设与扶贫工作结合起来，建立贫困户直接、持续受益机制
	《“十三五”脱贫攻坚规划》	提高能源普遍服务水平，推进城乡用电同网同价
	《边防部队电网建设实施方案》	目标为 2020 年全部解决军队和武警边防部队未连通电网连队、哨所的用电难题
2017 年	《北方地区冬季清洁取暖规划（2017—2021 年）》	积极推进各种类型电供暖 推进“煤改电”配套工程
	《关于加快推进深度贫困地区能源建设助推脱贫攻坚的实施方案》	新建能源开发项目和输送通道，优先向革命老区、民族地区、边疆地区和连片特困地区布局
2018 年	《乡村振兴战略规划（2018—2022 年）》	加快新一轮农村电网升级改造
	《关于打赢脱贫攻坚战三年行动的指导意见》	“三区三州”深度贫困地区电力保障和优质服务

2. 电力企业普遍服务实施成效

自国家实施“电力扶贫共富工程”和农网建设、改造、升级工程以来，我国电力企业通过采取各项措施和投入大量资金提升了我国电力普遍服务的水平，为广大偏远落后地区居民提供电力供应保障。“十二五”以来，电力企业普遍服务实施主要分为两个阶段：解决无电人口阶段和城乡用电普遍服务均等化阶段。

（1）解决无电人口阶段

2013 年，国家能源局制定了《全面解决无电人口用电问题 3 年行动计划（2013—2015 年）》（以下简称“《行动计划》”），提出到 2015 年年底全部解决最后 273 万无电人口用电问题的目标。《行动计划》印发后，国家加大支持力度，各级地方政府切实负责，企业主动履行社会责任，形成合力，无电地区电力建设步伐加快。到 2014 年，新增通电人口近 250 万，西藏、新疆、内蒙古、甘肃实现全部人口通电，还剩下最后 23.78 万无电人口，分布在四川和青海。2015 年 12 月 23 日，以青海省果洛藏族自治州班玛县果芒村和玉树藏族自治州曲麻莱县长江村合闸通电为标志，我国彻底解决全国最后无电人口用电问题，电力基础设施建设取得显著成绩。

“十二五”期间全国无电人口数变化见图 12－2。

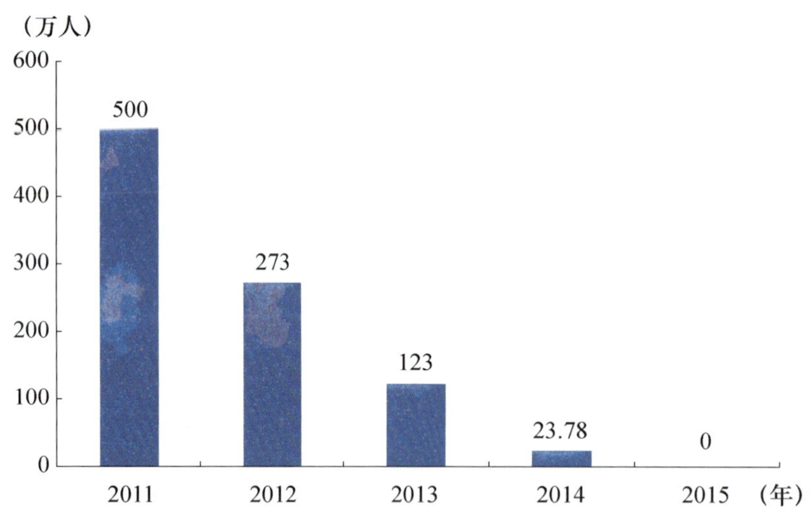

图 12－2 “十二五”期间全国无电人口数变化

（数据来源：来自政府部门公开报道的信息）

①国家电网公司实施成效

“十一五”以来，国家电网公司实施了“新农村、新电力、新服务”的农电发展战略，扩大电力普遍服务范围、提升电力普遍服务水平，其间，累计投资近 200 亿元，解决了经营区域内 571.9 万无电人口的通电问题；“十二五”期间，重点解决了西藏、新疆、四川、甘肃等地的无电人口问题；2006—2015 年，累计投资 381 亿元，解决191.7万无电户、749.5万无电人口的用电问题。示例见图12－3、图12－4。

图12－3　西藏玉麦乡感动中国2017年度人物卓嘎家通电

图12－4　正在建设中的藏中联网工程

②南方电网公司实施成效

南方电网公司在“十一五”期间累计投入资金57.2亿元，解决了经营区域内56.32万户无电人口的用电问题；“十二五”期间，累计完成农网改造升级投资1016亿元，在2012年10月解决了经营区范围内剩余的分布于云南省11个行政村12.56万户无电人口的通电问题，至此实现了南方电网公司经营区域内“户户通电”。示例见图12－5、图12－6。

图12－5　宁蒗彝族自治县拉伯乡拉伯村通电

图 12－6　南方电网开展农网升级改造现场指导

③内蒙古电力公司实施成效

2006—2013 年，内蒙古电力公司累计投入资金 22.8 亿元，解决了蒙西地区 344 个行政村、6 个边防连队、6 个边防派出所、75 个边防哨所的通电问题，使 37 万农牧民从此告别了世世代代与油灯相伴的历史。2013 年 12 月 18 日，内蒙古自治区能源局在鄂尔多斯市斯庆巴雅尔牧户家正式宣告内蒙古自治区全面完成无电地区通电任务。示例见图 12－7、图 12－8。

图 12－7　内蒙古电力公司实施户户通电工程

图 12－8　改变无电地区农牧民生产生活方式

（2）城乡用电普遍服务均等化阶段

2015 年 9 月，国家发展和改革委员会印发《关于加快配电网建设改造的指导意见》（以下简称“《指导意见》”），提出“稳增长、调结构、促改革、惠民生”是配电网建设改造的核心内容。同期发布的《配电网建设改造行动计划（2015—2020 年）》（以下简称“《行动计划》”）提出了提升乡村电力普遍服务水平，深化农村配电网改造，提高乡村配电网供电能力和质量，改善居民生活用电条件的主要任务。

在《指导意见》和《行动计划》的指引下，“十三五”期间，我国大力推行配电网建设改造工程，促进城乡用电普遍服务均等化，城乡居民生活电气化水平快速提高，“以电代煤、以电代油、绿色用能、节能节电”的能源消费新模式正在逐步形成。

城乡居民户均用电装接容量稳步提升，为城乡居民生活电气化水平提供保障。2018 年，全国城乡居民户均用电装接容量达 5.74 千瓦/户，同比增长 2.0%。其中，城镇居民户均用电装接容量为 6.76 千瓦/户，“十三五”以来年均增速为 2.2%；乡村居民户均用电装接容量为 4.95 千瓦/户，“十三五”以来年均增速为 2.6%。鉴于乡村居民户均用电装接容量增长快于城镇，城镇与乡村居民的户均用电装接容量差距正在逐步缩小。2010 年全国城镇居民户均用电装接容量比乡村居民高出 2.33 千瓦/户，到 2018 年，居民户均用电装接容量的城乡差距已减少至 1.81 千瓦/户。

“十二五”以来全国城乡居民户均用电装接容量、城镇居民户均用电装接容量与乡村居民户均用电装接容量分别见图 12－9、图 12－10、图 12－11。

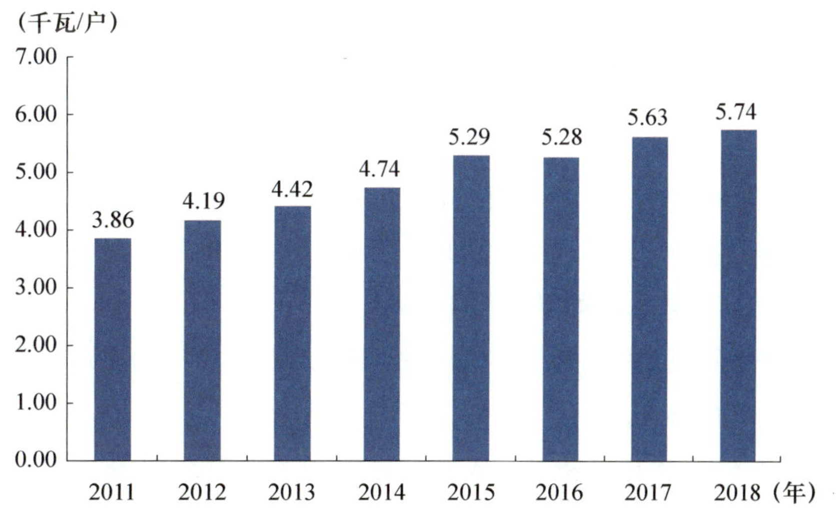

图 12－9 “十二五”以来全国城乡居民户均用电装接容量

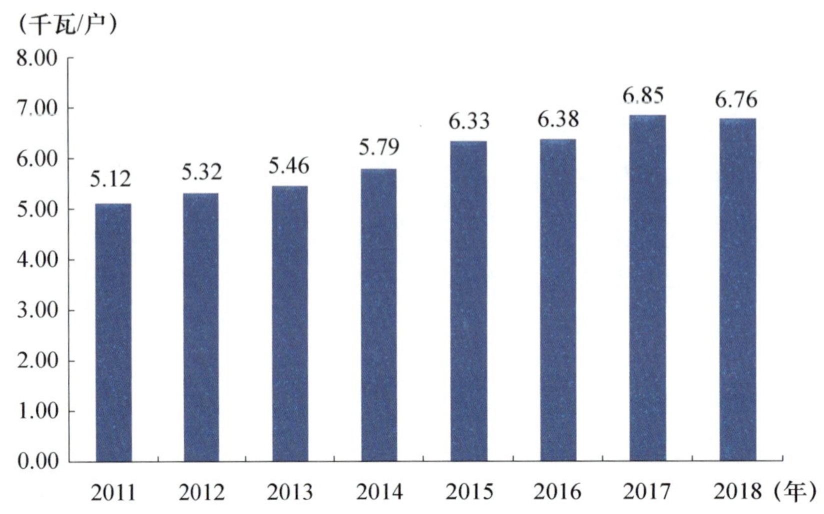

图 12－10 “十二五”以来全国城镇居民户均用电装接容量

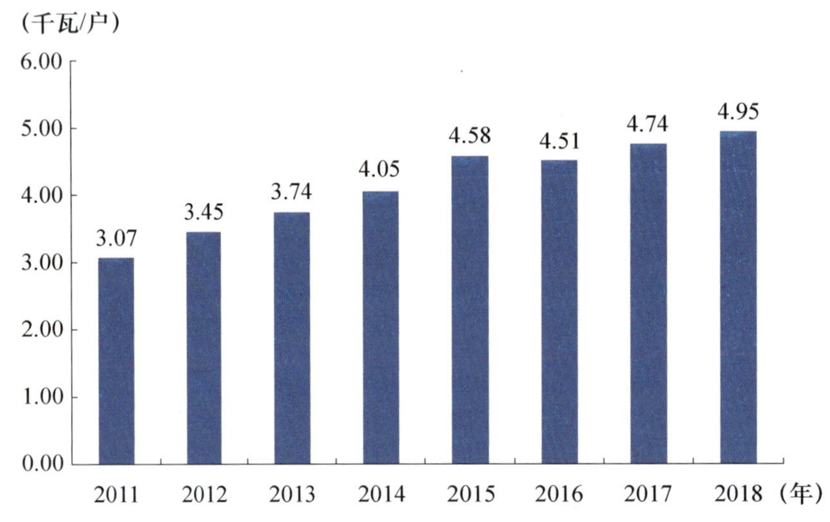

图 12－11 “十二五”以来全国乡村居民户均用电装接容量

人均生活用电量稳步提高。2018 年全国人均生活用电量达到 696 千瓦时/人，“十三五”以来全国人均生活用电量年均增速为 9.5%，其中乡村人均生活用电量增速显著，从 2011 年的 368 千瓦时/人增加到 2018 年的 738 千瓦时/人，“十三五”以来全国乡村人均生活用电量年均增速为 11.9%。

“十二五”以来全国人均生活用电量见图 12－12。

①国家电网公司实施成效

2015—2018 年，国家电网公司完成新一轮农网改造升级投资 4854 亿元，总体进度达到 80%，新建和改造 110 千伏及 35 千伏线路 5.8 万千米，变电容量为 1.7 亿千伏安；10 千伏及以下线路 160 万千米，配变容量为 1.9 亿千伏安。实施“国网阳光扶贫行动”，重点推进定点光伏扶贫、国家光伏扶贫项目接网、村村通动力电三大工程。2018 年，国家电网公司完成贫困地区电网建设投资 392 亿元，实现了除西藏外的村村通动力电，西藏电网延伸覆盖 64 县。

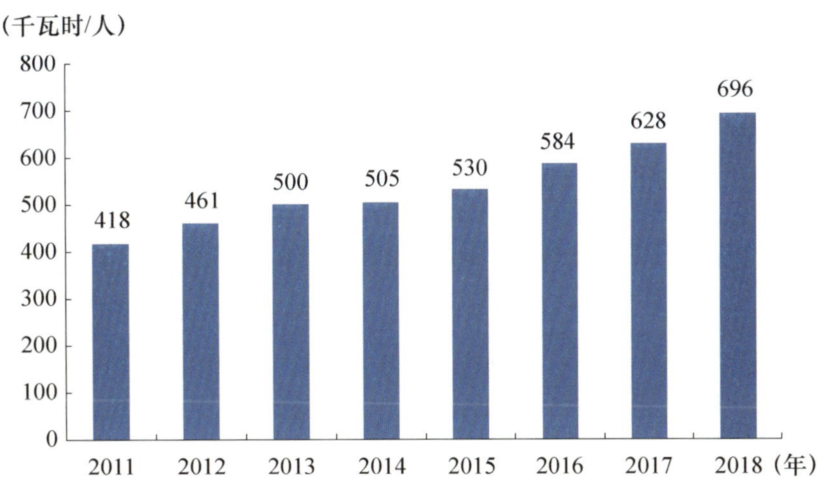

图 12－12　“十二五”以来全国人均生活用电量

a. 新一轮农网改造升级两年攻坚战。国家电网公司于 2017 年 9 月 25 日提前三个月完成新一轮农网改造升级“两年攻坚战”，累计投资 1423.6 亿元，完成了经营区内 153.5 万眼平原地区农田机井通电，实现了平原地区“井井通电”目标；实现了 6.6 万个小城镇（中心村）电网改造升级全覆盖；完成了 7.8 万个自然村新通动力电及改造，实现村村通动力电目标，受益人口达 1.56 亿人。

b. 实施国家光伏扶贫项目接网工程和异地扶贫搬迁配套电网建设。2017 年完成投资 20.41 亿元，累计为光伏扶贫项目接网总容量为 1038.44 万千瓦，惠及 167.1 万贫困户，其中深度贫困地区投资 0.34 亿元、接网总容量 10.3 万千瓦，惠及贫困户 1.76 万户。积极落实党中央关于做好易地扶贫搬迁配套电网建设的决策部署，截至 2018 年，累计投入资金 39.68 亿元，集中安置点配套电网建设项目 6634 个，新建改造 10 千伏线路 5453 千米，低电压线路 9115 千米。

c. “三区两州”地区电网建设攻坚。2016—2017 年，在经营区“三区两州”所在省实施完成了 1538 个贫困村、8209 个自然村动力电覆盖工程。2018 年完成投资 81 亿元，重点实施西藏孤网县联网和 296 个行政村通动力电工程，着力解决变电站串供、线路卡脖子问题，1200 个村、25 万户、92 万人的生产生活用电条件得到明显改善。

d. 中西部贫困地区电网改造升级。针对经营区内除“三区两州”以外的国家级贫困县实施中西部贫困地区电网改造升级工程。2018 年完成投资 311 亿元，户均配变容量提升至 1.8 千伏安，供电可靠率提升至 99.755%，电压合格率提升至 99.692%，消除村村通动力电空白点 2311 个，贫困地区农村动力电用户数同比增长 16%，显著提升了中西部贫困地区的供电能力。示例见图 12－13～图 12－16。

图 12－13　实施井井通电工程

图 12－14　国网秭归县供电公司员工在运送村村通动力电物资

图 12－15　服务光伏扶贫电站接网

图 12－16　国网湖北公司员工在为易地扶贫搬迁户新家架线供电

②南方电网公司实施成效

南方电网公司扎实推进农网改造升级工程，2016—2017 年间完成农网投资 665 亿元，全面完成 7665 个小城镇中心村电网改造升级、4709 个机井通电和 262 个贫困村通动力电三大攻坚任务，农村电网供电能力和供电质量大幅提升，农村改善生产生活条件的用电需求基本满足。供电范围内 216 个贫困县和“三区三州”等深度贫困地区实现通动力电全覆盖，累计助力 613 万贫困人口脱贫摘帽。

a. 通过实施农网改造升级，有效提升供电能力和供电质量。2016—2017 年累计完成农网改造升级投资 665 亿元，农网结构显著增强，供电能力和供电质量大幅提升。2017 年农村地区供电可靠率 99.76%，较 2010 年提高了 0.68 个百分点。电压合格率为 98.02%，较 2010 年提高了 5 个百分点。户均配变容量为 1.87 千伏安，比 2015 年增长 0.29 千伏安。2017 年全面实现供电范围内机井通电和贫困村通动力电，自然村（屯）通动力电比率达到 99.9%，其中广东、广西、贵州、海南 4 地供电范围内已实现自然村通动力电全覆盖，满足了农村经济社会发展和美丽乡村建设的电力需要。

b. 严格执行相关政策，切实降低客户用电成本。南方电网公司严格执行国家电价等相关政策，通过实行“同网同价”，社保兜底人口减免电费，有效降低了农村生产生活用电成本，释放了农村用电需求。南方电网公司认真执行国家城乡“低保户”、农村“五保户”的免费用电政策，做到应免尽免，2016—2017 年累计减免电费达 3.2 亿元，减轻了“低保户”“五保户”的经济压力。

c. 持续提升县级供电企业管理水平，全力解决电力普遍服务中的难点问题。南方电网公司开展了县级供电企业规范化建设。按照“规范、真实、简单、有效”的原则，以持续强化县级供电企业基础管理，并通过推行精益管理，分类制定县区供电局、供电所精益管理标杆评价标准，扎实开展精益标杆建设，打破平衡、强化激励，激发基层的积极性和主动性，促进了农电精益管理水平和服务水平的持续提高。示例见图 12－17～图 12－20。

图 12－17　实施农网改造升级

图 12－18　开展电力行业扶贫工作

图 12－19　提升供电能力和供电质量

图 12－20　供电施工人员在悬崖架设供电线路

③内蒙古电力公司实施成效

内蒙古电力公司大力实施蒙西地区脱贫攻坚电网建设三年任务，重点推进光伏扶贫电站接网、贫困村和自然村通动力电、易地扶贫搬迁配套供电、贫困旗县农网改造升级、贫困户通电等工程。2016—2018 年，内蒙古电力公司共安排贫困旗县电网投资 75 亿元，重点完善网架结构，提高供电质量，着力解决农村电网结构差、低电压、供电半径长等问题，同时配合小村整合、扶贫搬迁和解决新能源通网电等民生工程，满足农牧户生产生活用电需求，完成了一系列重点工程。

a. 小城镇中心村农网改造升级工程。完成了 23 个贫困旗县、1115 个中心村电网改造升级工程，基本解决了农村电网供电可靠性低、电压稳定性差及农村经济发展较快地区用电瓶颈问题和农村配电网夏季高峰用电“卡脖子”“低电压”等问题，加快了城乡基本服务均等化进程。

b. 农村机井通电工程。解决了 5657 眼机井的通电问题，受益农田 80 余万亩。机井通电工程的实施，解决了贫困地区农业发展受水资源匮乏制约的问题，削弱了自然气候对农民土地的影响，提升了农业的减灾、抗灾能力，改变了部分贫困村靠天吃饭的落后现状，帮助贫困村民创富增收，为打赢脱贫攻坚战提供了强有力的电力支撑。

c. 贫困村动力电工程及偏远农牧区用户升级工程。实现了 108 个贫困嘎查通动力电和 7992 户新能源户接入大网电，工程实施后解决了新能源设备用电质量差的问题，有效补齐了农村牧区电力基础设施短板，进一步提高偏远农牧户生产生活水平。

d. 贫困旗县农网改造升级工程。通过农网改造升级工程的实施，显著提高主要供电指标，农村地区供电可靠率、综合电压合格率分别从 2015 年的 99.64%、95.89%提高到 2018 年的 99.77%、98.49%，户均配变容量由 2.08 千伏安提高到 2.75 千伏安，助力 20 个贫困旗县脱贫摘帽，贫困地区生产生活用电条件得到显著改善。示例见图 12－21 ~ 图 12－24。

图 12－21　乌兰察布电业局为新能源设备供电用户实施通电工程

图 12－22　开展光伏扶贫工作

图 12－23　实施小城镇中心村农网改造升级工程

图 12－24　实施贫困旗县农网改造升级工程

第十三章　电力市场化改革

电力市场化改革是实现电气化可持续发展的重要推动力，推进电力市场建设也是世界电力发展的共同趋势。电力工业通过实施打破垄断、放松管制、引入竞争、建立电力市场的电力体制改革，以达到更合理地配置资源，提高资源利用率，促进电力与社会、经济、环境协调发展的目的。近年来，我国电力市场化改革实现突破，取得了积极性进展。市场机制的缺失正在补位，资源配置效率逐步提升，市场化交易电量比重日益提高，市场化改革红利逐步释放。

一、电力市场概述

1. 电力市场的定义及特征

电力市场即电力行业市场，是经济学中的市场原理与电力系统运行规律相结合的产物，电力市场既遵循一般市场的基本规律，又有其特殊性。电力市场就是以电力这种特殊商品作为交换内容的市场。具体来说，电力市场是采用法律、经济等手段，本着公平竞争、自愿互利的原则，对电力系统中发电、输电、供电、用户、售电公司等各成员组织协调运行的管理和执行系统的总和。

开放性、竞争性、计划性和协调性是电力市场的基本特征。与传统的垄断电力系统相比，电力市场具有开放性和竞争性的特点；与普通商品市场相比，电力市场具有计划性和协调性特点。电力系统各成员间紧密联系，任一成员的操作均会对电力系统产生影响。所以要求电力市场中的电力生产、使用、交换具有计划性。同时由于电力系统要求供需实时平衡，所以要求电力市场中的供应者之间、供应者与用户之间相互协调。

2. 电力市场改革的目标及基本原则

电力市场化改革受国家的政治制度、经济发展、文化观念、产业结构、电力工业发展阶段、投融资环境及资源状况等多重因素影响，因此不同国家的电力市场化改革进程各不相同。世界各国结合国情制定了符合本国的电力市场化改革目标，基本的目标都是为了实现电力工业的可持续发展，见图 13－1。

电力市场的基本原则与其他商品市场基本相同，都应该遵循“三公”原则——公平、公正、公开，即对市场中的不同成员应一视同仁，无歧视，尽可能减少市场成员间的相互补贴，用户平等、电价合理，增加市场运行的透明度，做到信息公开，使市场成员能够获得电力市场及系统运行的数据。

图 13－1 电力市场化改革目标

3. 电力市场的运营模式

按照电力市场的开放竞争程度，可将其运营模式划分为完全垄断型、发电竞争型、批发竞争型与零售竞争型 4 种，见图 13－2。

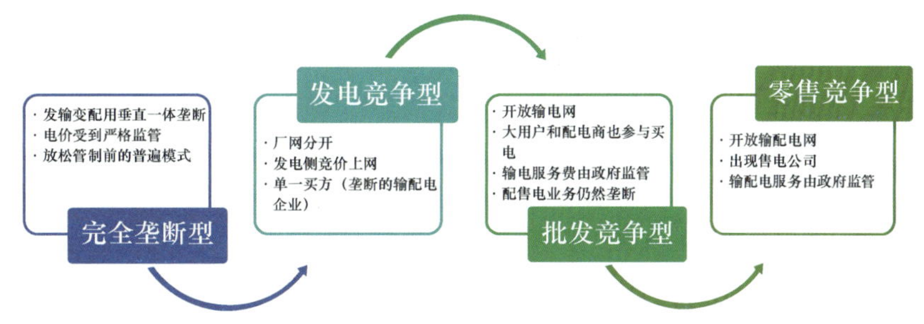

图 13－2 电力市场的运营模式

4. 电力市场的基本要素

电力市场有 6 个基本要素，即市场主体、市场客体、市场载体、市场电价、市场规则、市场监管组织，见图 13－3。

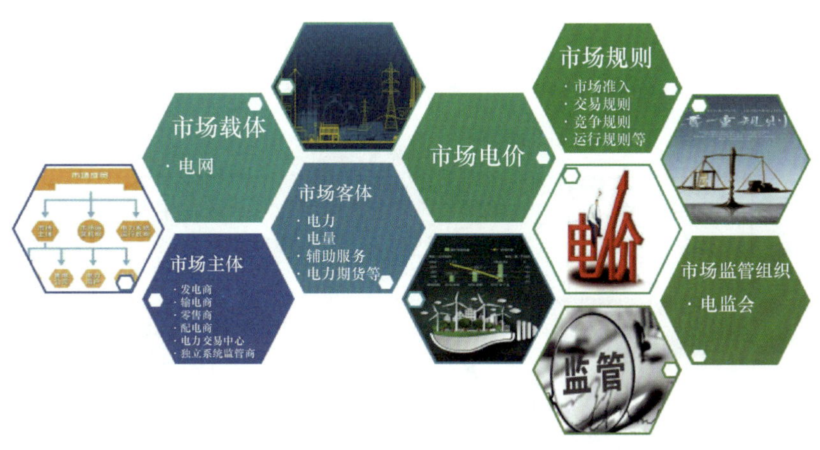

图 13－3 电力市场的基本要素

5. 电力市场的交易体系

电力市场交易体系是指电力市场内各交易品种在时间和空间上的配合及协调关系。电力市场的交易可以分为电力金融交易和电力实物交易两大类。电力实物交易可以分为双边交易、辅助服务交易和现货交易。双边交易包含年度、月度和发电权交易；现货交易包含日前交易、实时交易等。电力市场交易体系示意见图 13－4。

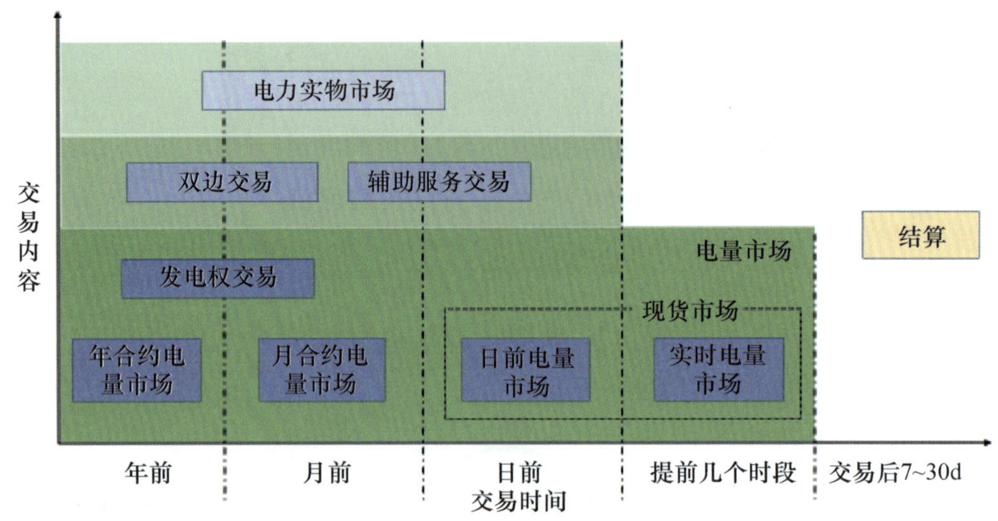

图 13－4 电力市场交易体系示意

二、电力市场化改革历程与成效

1. 电力市场化改革历程

自 1978 年改革开放以来，随着我国社会主义市场经济改革的深入推进，电力工业也逐步由计划经济模式转向市场竞争模式。不同于国际其他发达国家电力市场改革进程，我国的电力体制改革进程其实是电力市场化改革规律与中国特色社会主义制度两相结合的过程。在电力工业转型发展的过程中，电力行业先后进行了三次大的改革，见图 13－5。

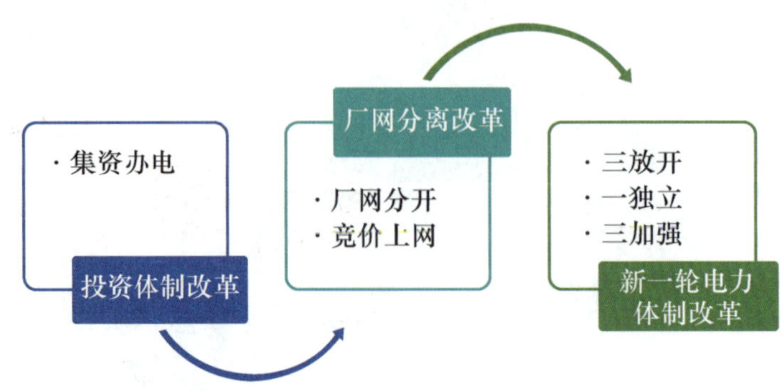

图 13－5 电力市场化改革

第一次，投资体制改革。核心思想是引进外国资本、鼓励民间资本投资建设电源。这次改革比较成功地解决了电源投资资金来源问题，极大地促进了电力工业特别是电源的发展。1978 年全国电力装机只有 5712 万千瓦，2001 年年底，全国发电装机容量达到 33849 万千瓦，规模居世界第二。

第二次，厂网分离改革。2002 年，国务院印发《电力体制改革方案》（又称电改“5 号文”），明确按照“厂网分开、竞价上网”的原则，将原国家电力公司一分为七，成立国家电网、南方电网两家电网公司和华能、大唐、国电、华电、中电投五家发电集团。此后电源建设规模、电网建设规模均迅速增加。2010 年我国建成了世界规模最大的电网系统，全国电网总规模超越美国；2013 年，我国发电装机容量超越美国，位居世界第一。

第三次，新一轮电力体制改革。2015 年 3 月，《中共中央国务院关于进一步深化电力体制改革的若干意见》（以下简称“9 号文”）印发，开启了第三次电力体制改革。同年，六个配套文件也相继出台。“9 号文”规定了此次改革的总体目标和主要任务，希望能在健全的法规制度下引入市场竞争机制，从而推动电力行业又好又快发展。通过“9 号文”及其配套文件，“新电改”的顶层设计基本完成，改革目标主要体现在三个方面：一是还原电力商品属性，实现电力产品在有效的电力市场中自由交易；二是在发电环节和售电环节充分引入市场竞争机制，提高整个电力市场的运行效率；三是以激励机制鼓励清洁能源的生产和流通，实现节能减排的生态环保目标。

2. 电力市场化改革成效

“9 号文”发布以来，我国电力市场化改革起笔新篇章，电力市场发展迈上新台阶，取得了一系列改革成效。

（1）电力交易机构基本组建完成，市场组织体系建立

我国的电力交易机构可以分成两类：一类是区域性电力交易中心，主要负责跨省跨区电力市场交易平台的建设、运营和管理；第二类是省级电力交易中心，主要负责省内电力市场交易平台的建设、运营和管理。2016 年 3 月，在国家发展和改革委员会、国家能源局及各省（区、市）政府指导下，北京、广州两个区域电力交易中心同日挂牌成立。此后，全国范围内各省级电力交易中心组建工作陆续完成。截至 2018 年年底，全国共已成立 33 家省级电力交易中心和北京、广州 2 家区域电力交易中心。为促进各交易机构之间的协作共赢，2017 年 11 月 8 日上午，全国电力交易机构联盟正式成立，北京电力交易中心有限公司为理事长单位，广州电力交易中心有限责任公司为副理事长单位，全国 33 家省级电力交易中心为成员单位。

（2）首轮输配电定价成本监审完成，输配电价体系初步建立

2014 年 12 月，输配电价改革首先在深圳电网和蒙西电网“破冰”，2015 年上半

年，云南、贵州、安徽、宁夏、湖北电网开展了第一批试点工作，之后，输配电价改革由点及面、逐步扩大。在2017年年底已建立跨省跨区输电工程、区域电网、省级电网、地方电网全环节覆盖的输配电价格监管制度框架的基础上，2018年陆续核定了华北、东北、华东、华中、西北5大区域电网首个监管周期的两部制输配电价水平，以及24条跨省跨区专项输电工程输电价格，有力保障了输配电价改革的进一步深化，改革红利得到进一步释放。

（3）发用电计划放开加快，电力市场化交易初具规模

"9号文"发布以来，我国电力市场化交易规模实现突破性增长。2018年，全国电力市场交易电量（含发电权交易电量）合计为20654亿千瓦时，同比增长26.5%，市场交易电量占全社会用电量比重为29.9%，比2017年提高了4个百分点，市场交易电量占电网企业销售电量比重为37.0%。

2016—2018年全国市场交易电量及占全社会用电量比重见图13-6。

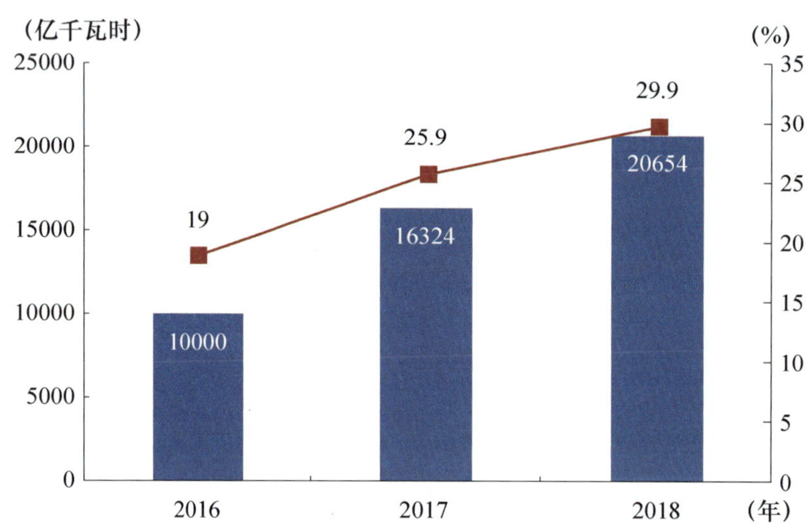

图13-6　2016—2018年全国市场交易电量及占全社会用电量比重

其中，省内市场交易电量合计16885亿千瓦时，占全国市场交易电量的81.8%；省间（含跨区）市场交易电量合计3471亿千瓦时，占全国市场交易电量的16.8%；国家电网、南方电网、蒙西电网区域发电权交易电量合计1727.2亿千瓦时①。

（4）电力现货市场建设工作推进步伐加快，辅助服务专项工作稳步开展

2017年8月，国家发展改革委、国家能源局发布《关于开展电力现货市场建设试点工作的通知》，南方市场（以广东起步）和蒙西、浙江、山西、山东、福建、四川、甘肃被确立为第一批试点地区。在各方共同推进下，广东于2018年8月启动现

① 数据来自北京、广州、内蒙古电力交易中心。

货市场试运行，山西、甘肃于2018年12月启动现货市场试运行。截至2018年年底，山东、浙江、福建、四川、蒙西等已编制完成现货市场建设方案，正在按地方政府主管部门计划进行方案完善和规则编制等工作。

辅助服务专项工作稳步开展。东北区域积极主动研究深度调峰激励办法，挖掘火电调峰潜力400万千瓦以上；山西、福建、山东、宁夏、广东和甘肃地区能源相关部门发布电力辅助服务市场运营规则，并开始试运行；新疆维吾尔自治区试点完成关于辅助服务规则调研工作，将进一步完善技术支持系统建设并推进火电灵活性改造工作。

（5）市场主体大幅增加，加快放开配售电业务

随着电力体制改革的推进，市场主体数量逐步扩大，参与市场的积极性不断增强。自2015年3月，首家售电公司——深圳市深电能售电有限公司注册成立，各地陆续成立售电公司。截至2018年年底，全国各电力交易中心累计注册市场主体超过10万家，其中国家电网公司区域78016家，南方电网公司区域21063家，蒙西电网区域1711家，含发电企业29032家，售电公司3984家，电力用户67731家。

增量配电试点是探索电力供给侧改革的创新路径之一。2018年初，国家发展改革委公布了第三批增量配电改革试点，在全国范围内累计批复试点320个，基本实现全国地级以上城市全覆盖。2018年12月19日启动了第四批增量配电项目试点申请报送工作，将覆盖范围延伸至县级。增量配电网项目的可行性和实操性也日益增强，整体发展形势向好。

2018年我国增量配电改革试点数量情况见图13－7。

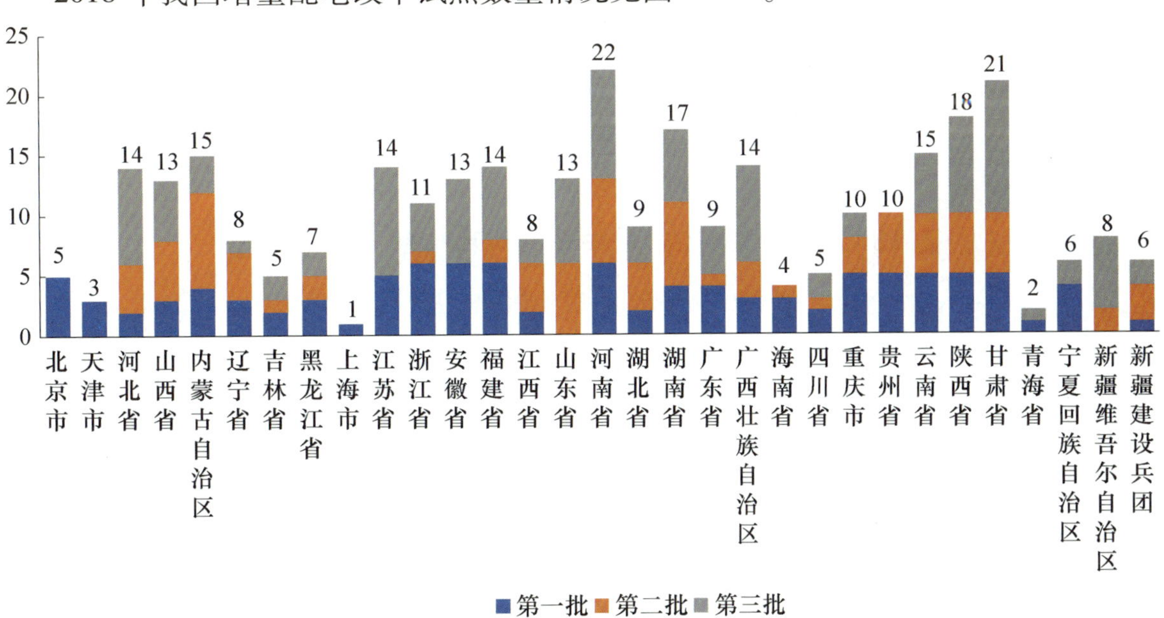

图13－7　2018年我国增量配电改革试点数量情况

（6）可再生能源参与市场的政策框架明确，交易量逐步增加

北京、广州和内蒙古电力交易中心积极落实国家有关要求，采用市场化交易机制，不断探索创新交易品种等措施，促进可再生能源交易电量稳步提升。北京电力交易中心充分发挥特高压电网大范围优化配置资源的优势，陆续创新开展了新能源替代常规火电的发电权交易、新能源与抽蓄电站抽水电量交易，设立发电权交易专项市场，组织三边发电权、新能源与燃煤自备电厂等省间替代交易，有效缓解了弃水、弃风、弃光矛盾。2018 年，北京电力交易中心完成省间清洁能源交易电量 4373 亿千瓦时，同比增长 7%，占其省间交易电量的近一半；完成新能源省间交易电量 718 亿千瓦时，是 2016 年的近 2 倍。广州电力交易中心积极创新交易机制，在市场交易中引入云南增量送广东、云贵水火置换、保底消纳等市场化机制，优先保障富余水电的最大程度消纳。2018 年，广州电力交易中心完成西电东送交易电量 2175 亿千瓦时，其中清洁能源电量占比超过 87%，相当于节约标准煤 5617 万吨，减少二氧化碳排放 1.5 亿吨。

2016—2018 年全国可再生能源交易电量见图 13－8。

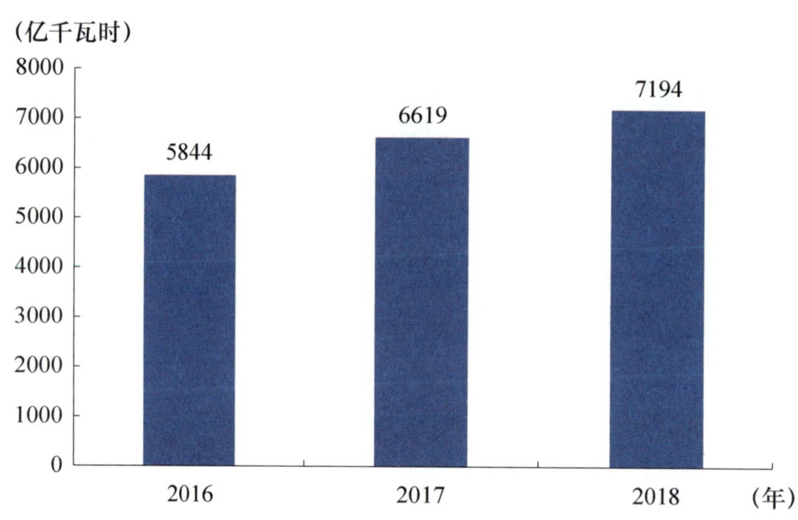

图 13－8　2016—2018 年全国可再生能源交易电量

（数据来源：北京、广州、内蒙古电力交易中心）

（7）推动电力市场监管机制和信用体系建设

电力市场体系建设过程中，中央政府部门和各地方政府积极推动法治化建设，完善法律法规，创新意识得到调动。监管机构恪尽职守，严防价格垄断行为，维护市场公平竞争，有效保护了电力投资者、经营者、使用者的合法权益和社会公共利益。2017 年 7 月，国家能源局综合司下发了《关于征求电力市场监管办法（试行）意见的函》，明确了电力市场的监管对象。

在国家有关政府部门推动下，电力行业从行业自律出发，以电力企业信用评价为重点，开展信用体系建设工作，在电力企业信用评价、宣传教育、制度建设、信用课题研究等方面取得了新成效。

（8）平均销售电价稳步下降，促进经济平稳健康发展

2018 年，国家电网经营区域市场化交易降低电力用户用电成本 373 亿元，平均降低电价 30.1 元/千千瓦时，持续释放改革红利。南方电网经营区域市场化交易降低电力用户用电成本 285 亿元，平均降低电价 84 元/千千瓦时。内蒙古电力交易中心累计完成大用户直接交易电量 1168 亿千瓦时，同比增长 18.7%，占公司售电量的 59.8%，占公司区内售电量的 70.2%，降低企业用电成本 68.7 亿元[①]。

2018 年，电力行业通过扩大市场化交易规模、核准输配电价、降低增值税税率及政府性基金等措施，电网企业平均销售电价（含税，不含基金及附加）降至 599.31 元/千千瓦时，同比下降 1.61%。

2014—2018 年全国电网企业平均销售电价（含税，不含政府性基金及附加）见图 13－9。

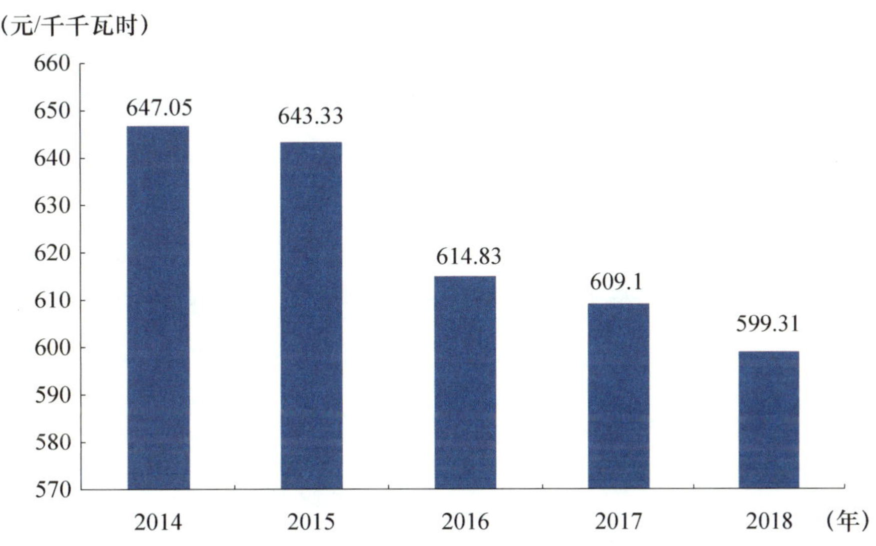

图 13－9　2014—2018 年全国电网企业平均销售电价
（含税，不含政府性基金及附加）

（数据来源：国家能源局历年《全国电力价格情况监管通报》）

① 市场化交易降低电力用户用电成本相关数据来自北京、广州、内蒙古电力交易中心。

第十四章　低碳电力发展

低碳发展通过新的经济发展模式，在降低二氧化碳排放的同时提高效益或竞争力，促进经济社会发展。推动低碳电力发展有利于树立负责任的大国形象，有利于保护生态环境，有助于优化能源结构，有助于促进产业结构转型升级，有助于培育可持续竞争力。以此为导向，低碳电力为新时期电气化发展促进生态环境持续改善提供了切实可行的实施路径，为电力行业应对气候变化做出卓越贡献。

一、低碳发展概述

1. 应对气候变化国际行动

全球气候变暖给人类生存和发展带来严峻挑战。在引起全球气候变暖的诸多因素中，人类活动所排放的温室气体不断增加是最主要的原因。在温室气体排放引发的全球气候变暖效应中，二氧化碳的影响作用不容忽视，因此，减少二氧化碳排放作为一个亟待解决的问题，对控制温室效应、减缓全球变暖至关重要。

全球气候变暖已成为各国政府与公众持续关注的焦点问题，联合国与各国政府陆续开展了一系列活动，旨在协同降低或控制二氧化碳排放，通过调整经济结构、提高能源效率等多种途径，在提升经济发展质量的同时，构建绿色低碳的可持续发展目标体系。

全球应对气候变化关键事件见表 14－1。

表 14－1　全球应对气候变化关键事件

时间	发起人	关键事件
1988 年	联合国环境规划署和世界气象组织	成立政府间气候变化专门委员会
1990 年	联合国	批准气候变化公约谈判
1992 年	联合国政府间气候变化专门委员会	通过《联合国气候变化框架公约》
1994 年	—	《联合国气候变化框架公约》生效
1995 年	联合国政府间气候变化专门委员会	决定每年召开《联合国气候变化框架公约》缔约方会议

续表

时间	发起人	关键事件
1997 年	联合国政府间气候变化专门委员会	商讨《京都议定书》
2005 年	—	《京都议定书》生效
2012 年	联合国政府间气候变化专门委员会	商讨《京都议定书多哈修正案》
2015 年	联合国政府间气候变化专门委员会	商讨《巴黎协定》
2018 年	联合国政府间气候变化专门委员会	发布《全球 1.5℃增暖特别报告》及“决策者摘要”
2018 年	联合国政府间气候变化专门委员会	通过实施《巴黎协定》所必需的细则

2. 低碳发展及成效

美国、德国、日本等国都先后通过理念创新、政策创新、技术创新、产业创新和经营创新来实现经济社会的低碳化发展，力图在完成相关国际条约中承诺的减排目标与任务的同时，优化调整本国经济结构，形成更具可持续性的经济发展模式和新的经济增长点。

在应对气候变化方面，在世界各国的共同努力下，低碳发展成效显著，全球二氧化碳排放增速放缓，增长率总体呈现下降趋势，应对气候变化取得了积极的实施效果。

1990 年以来世界二氧化碳排放情况见图 14－1。

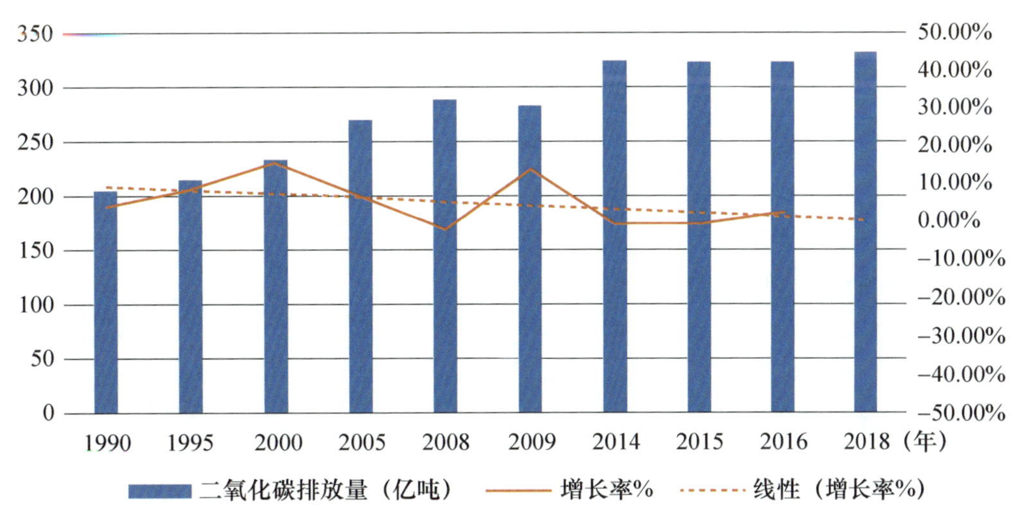

图 14－1　1990 年以来世界二氧化碳排放情况

（数据来源：国际能源署（IEA）历年统计）

3. 应对气候变化中国行动

中国作为一个负责任的发展中国家，长期以来高度重视气候变化问题，组织成立了国家气候变化对策协调机构，全面贯彻落实国家可持续发展战略要求，研究制定了一系列与应对气候变化相关的政策措施，为减缓二氧化碳排放、应对气候变化问题做出了积极贡献。

中国应对气候变化关键事件见表 14－2。

表 14－2　中国应对气候变化关键事件

时间	政策/承诺	内容
2006 年	《气候变化国家评估报告》	总结了我国在气候变化方面的科学研究成果，提出了我国应对全球气候变化的立场和原则主张以及相关政策
2007 年	《中国应对气候变化国家方案》	阐述了我国应对全球气候变化的目标与相应措施
	《中国的能源状况与政策》	提出能源多元化发展，并将可再生能源发展正式列为国家能源发展战略的重要组成部分
2009 年	中国应对《联合国气候变化框架公约》承诺	确定 2020 年中国单位 GDP 二氧化碳排放比 2005 年下降 40%～45% 的目标
	《关于中国清洁发展机制基金及清洁发展机制项目实施企业有关企业所得税政策问题的通知》	提出清洁发展基金制度
2010 年	《关于开展低碳省区和低碳城市试点工作的通知》	开展低碳试点
2011 年	《关于开展碳排放交易试点工作的通知》	开展低碳交易试点
	《关于印发“十二五”控制温室气体排放工作方案的通知》	制定“十二五”期间控制二氧化碳排放的工作指导方案
2013 年	《关于印发国家适应气候变化战略的通知》	推进编制省级适应气候变化方案
2014 年	《国家应对气候变化规划（2014—2020 年）》	提出应对气候变化对策
2015 年	《强化应对气候变化行动——中国国家自主贡献》	承诺我国到 2030 年的自主行动目标
	巴黎气候大会	提出建立全国碳排放交易市场

续表

时间	政策/承诺	内容
2016 年	《“十三五”控制温室气体排放工作方案》	提出 2017 年启动全国碳排放权交易市场，明确到 2020 年单位国内生产总值二氧化碳排放目标
	《能源生产和消费革命战略（2016—2030）》	明确 2020 和 2030 应对气候变化达到的各项目标
2017 年	关于印发《全国碳排放交易市场建设方案（发电行业）》的通知	启动全国碳市场建设
2018 年	《关于印发打赢蓝天保卫战三年行动计划的通知》	提出通过三年努力，大量减少污染物和温室气体排放

4. 中国低碳发展成效

“十二五”期间，我国能源活动单位国内生产总值二氧化碳排放量与 2005 年相比累计下降 20%，超额完成下降 17% 的约束性目标，截至 2017 年年底，全国单位国内生产总值二氧化碳排放量与 2005 年相比累计下降 46%，提前 3 年达到了 2009 年我国对外宣布的控制温室气体排放的行动目标：到 2020 年单位国内生产总值二氧化碳排量比 2005 年下降 40% ~45%。

1990 年以来我国单位产值碳排放情况见图 14 –2。

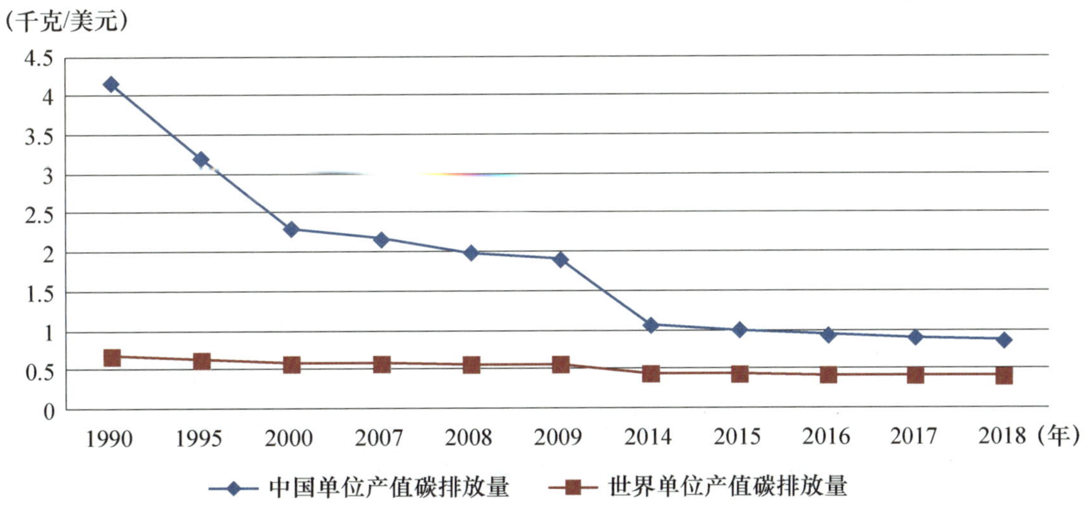

图 14 –2　1990 年以来我国单位产值碳排放情况

（数据来源：国际能源署（IEA）历年统计）

随着中国应对气候变化行动的全面实施，低碳发展的成效日益显著，我国单位产值碳排放量显著降低，并逐步缩小与世界平均水平之间的差距。

二、低碳电力发展与成效

1. 低碳电力发展概况

电力行业是二氧化碳减排的重点部门。目前我国电力行业碳排放量约占全国碳排放总量的40%。作为国民经济中最大的二氧化碳排放部门，以煤电为主的电源结构使电力行业碳排放总量仍将在一定时期内继续增长，电力碳排放量控制任重道远。电气化进程下，电力行业以推动低碳电力发展为导向，为我国的低碳发展做出卓越贡献。我国的统一碳市场从电力行业先行启动，在初期被纳入全国碳市场的电力企业约1700家、涉及二氧化碳年排放约30亿吨，是世界最大的碳市场。电力行业通过优化煤电结构、推动煤电高效清洁利用以降低供电煤耗、大力发展非化石能源、降低电网线损率等措施，有效减缓了电力二氧化碳排放总量的增长。

（1）发展目标

《“十三五”控制温室气体排放工作方案》和《电力发展“十三五”规划》中提出了我国“十三五”期间与低碳电力相关的发展目标，主要包括：到2020年，电能占终端能源消费比重达到27%。非化石能源发电装机达到7.7亿千瓦左右，占比约39%，非化石能源发电量占比提高到31%；气电装机增加5000万千瓦，达到1.1亿千瓦以上，占比超过5%；煤电装机力争控制在11亿千瓦以内，占比降至约55%。新建燃煤发电机组平均供电煤耗低于300克标煤/千瓦时，现役燃煤发电机组经改造，平均供电煤耗低于310克标煤/千瓦时，煤电机组二氧化碳排放强度下降到865克/千瓦时左右。火电机组二氧化硫和氮氧化物年排放总量均力争下降50%以上，30万千瓦级以上具备条件的燃煤机组全部实现超低排放。电网综合线损率控制在6.5%以内等。

（2）实施路径

低碳电力发展的实施路径如下：

①统筹规划电源规模与结构，提高清洁能源利用率。通过电网与电源（包括分布式电源）的协调发展，在更大范围内优化配置能源资源；加快推进水电、核电、风电、太阳能发电供应能力建设，提高非化石能源占一次能源消费比重；推进常规抽水蓄能电站等主要灵活性电源建设，开发利用新型储能技术，促进新能源发电与调峰电源、输电通道、消纳市场之间协调发展。

②加强智能电网的建设。构建更加坚强的网架结构，加大电网自身的智能化硬件改造力度，同步建设以大数据为支撑的决策系统，通过细化线损数据管理、提升分析智能化水平等措施降低线损率，充分发挥电网在低碳电力发展过程中的强大资源调配作用。

③提高能源转化效率。推进700℃先进超超临界发电技术、超超临界二次再热发电技术、褐煤高效发电技术等先进高效火力发电技术创新，进一步提升火电机组的发电效率与热效率；在具备经济性的基础上，对存量煤电机组深入挖潜增效；开展富氧燃烧与燃烧后碳捕集技术研究和示范应用，推动煤炭清洁高效低碳利用。通过热电联产等方式促进能源梯级利用与资源综合利用，实现多种能源清洁高效利用。以电力为中心，因地制宜地确定符合区域能源资源分布特点的煤、电、化、铁（铝）、热一体化区域循环经济发展模式。从需求侧促进用户节约用电、科学用电、绿色用电，实现电力需求侧低碳消费。

2. 低碳电力发展新动能

可再生能源电力具有绿色、无碳、环保、可再生等显著的清洁化特征，发展可再生能源是全球能源革命和绿色低碳发展的关键实施路径。建立可再生能源配额制和绿色电力证书交易制度，是我国促进可再生能源发展、实现低碳电力发展、推动能源革命的重要途径。

（1）可再生能源配额制

可再生能源配额制是指政府通过法律、法规形式对可再生能源电力的市场份额做出强制性规定，以实现提高可再生能源利用水平的目标。可再生能源配额制及绿证交易是促进可再生能源产业持续健康发展的重要手段之一。

目前已有英国、澳大利亚、瑞典、日本、韩国等20多个国家与美国的29个州及华盛顿特区等国家和地区实施了可再生能源配额制政策。承担强制配额的主体，既有售电企业（如美国大部分州、英国），也有发电企业（如韩国）。

2017年11月，国家发展和改革委员会、国家能源局印发《解决弃水弃风弃光问题实施方案》（发改能源〔2017〕1942号），提出将实行配额制作为一项解决“三弃”问题的重要制度性措施。

国家能源局于2018年3月、5月、11月，就《关于实行可再生能源电力配额制的通知》（征求意见稿）进行了三次征求意见。可再生能源配额制有利于形成可再生能源电力消费引领的长效发展机制，从而激励全社会加大开发利用可再生能源的力度，对推动我国能源结构调整，构建清洁低碳、安全高效的现代能源体系具有重要意义。

（2）绿色电力证书

绿色电力证书（以下简称“绿证”）交易制度是配额制的重要配套制度，政府向可再生能源发电企业发放与其上网电量相对应数量的绿证，配额义务主体可通过向发电企业购买绿证以确保完成配额目标。引入绿证交易的目的主要包括两方面：一是使配额责任主体完成配额的方式更加灵活；二是通过市场发现价格，促进可再生能源技术进步和经济性提升。

目前，美国、日本、欧盟等几十个国家和地区均提供绿证自愿交易渠道。在欧美国家使用绿色电力蔚然成风，已成为社会大众践行环保公益活动的重要途径。国际知名企业也都十分重视扩大绿色电力消费规模。据不完全统计，截至 2017 年年底，全球共有超过 122 家企业承诺未来实现百分之百使用可再生能源电力。

2017 年 1 月，国家发展和改革委员会、财政部、国家能源局联合发布了《关于试行可再生能源绿色电力证书核发及自愿认购交易制度的通知》（发改能源〔2017〕132 号），明确从 2017 年 7 月起在全国范围内试行绿证自愿认购制度。

3. 低碳电力发展成效

（1）总体成效

2005 年以来，我国电力行业碳排放强度持续下降。自 2007 年起，煤电碳排放强度开始低于美国、加拿大、澳大利亚、法国、英国等国家。随着煤电结构的优化，特别是“十二五”期间非化石能源快速发展，带动我国低碳电力发展取得显著成效。以 2005 年为基准年，2006—2015 年，电力行业累计减少二氧化碳排放约 76 亿吨，有效减缓了电力二氧化碳排放总量的增长。其中，供电煤耗降低对电力行业二氧化碳减排贡献率为 48%，非化石能源发展贡献率为 50%。

“十三五”期间，电力行业碳排放强度进一步下降。以 2005 年为基准年，2006—2018 年，通过发展非化石能源、降低供电煤耗和线损率等措施，电力行业累计减少二氧化碳排放约 136.8 亿吨，进一步减缓了电力二氧化碳排放总量的增长。其中，供电煤耗降低对电力行业二氧化碳减排贡献率为 44%，非化石能源发展贡献率为 54%。

火电碳排放强度方面，伴随煤电产业升级持续推进，通过优化工艺流程、提高机炉电控等核心装备材料的制造水平以提升“增量”煤电机组发电效率，深入实施“存量”煤电机组节能改造升级，淘汰煤电落后产能，带动煤电结构持续优化，有效提高煤－电转换效率，降低供电煤耗，单位火电发电量二氧化碳排放强度稳步下降。2018 年，全国单位火电发电量二氧化碳排放强度约为 841 克/千瓦时，比 2005 年下降 19.4%。

2005 年以来全国单位火电发电量二氧化碳排放强度见图 14－3。

发电碳排放强度方面，伴随非化石能源快速发展，以提高非化石能源消费比重为目标导向，水电、风电、太阳能发电、核电、生物质发电装机容量与发电量占比同步提高，促进发电量结构更趋清洁低碳、单位发电量二氧化碳排放强度降幅显著。2018 年，全国单位发电量二氧化碳排放强度约为 592 克/千瓦时，比 2005 年下降 30.1%。

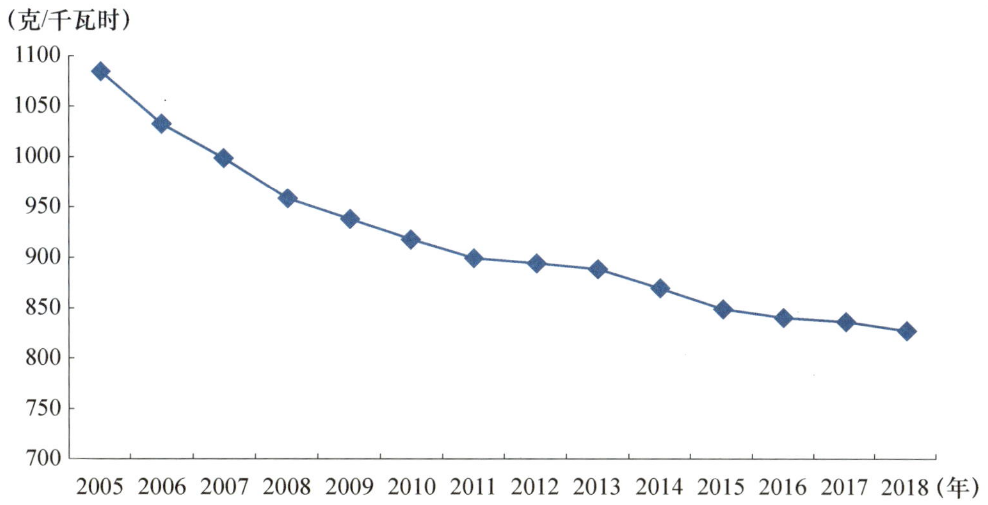

图 14－3 2005 年以来全国单位火电发电量二氧化碳排放强度

2005 年以来全国单位发电量二氧化碳排放强度见图 14－4。

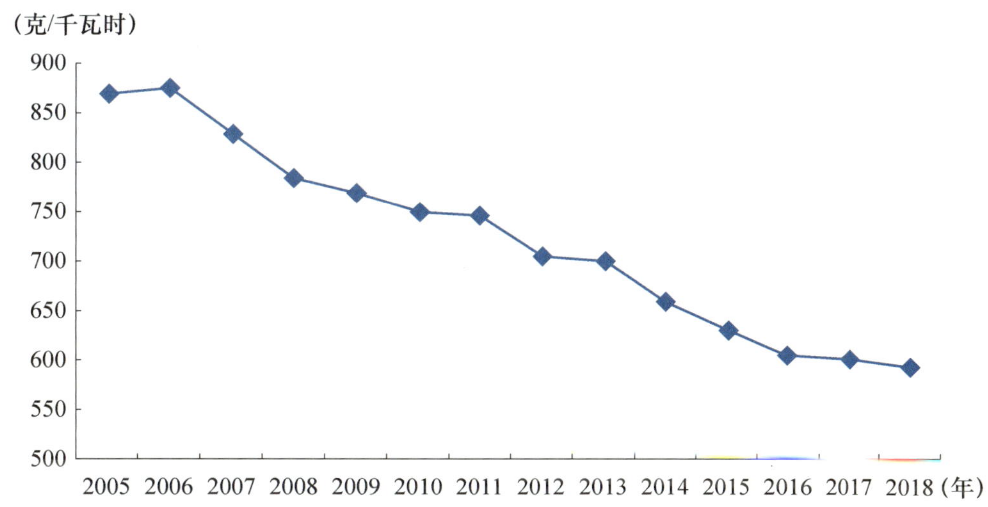

图 14－4 2005 年以来全国单位发电量二氧化碳排放强度

（2）重点领域发展成效

①推进煤电优化升级

近年来，我国煤电发展始终坚持高效、环保的总基调，大容量、高参数、环保型煤电机组容量占比显著提升。截至 2018 年年底，以煤电为绝对主体，全国 60 万千瓦及以上火电装机占全部火电装机容量的 44.8%，单机百万千瓦及以上的煤电机组数量达到 113 台。

2010 年与 2018 年全国火电机组分容量结构对比见图 14－5。

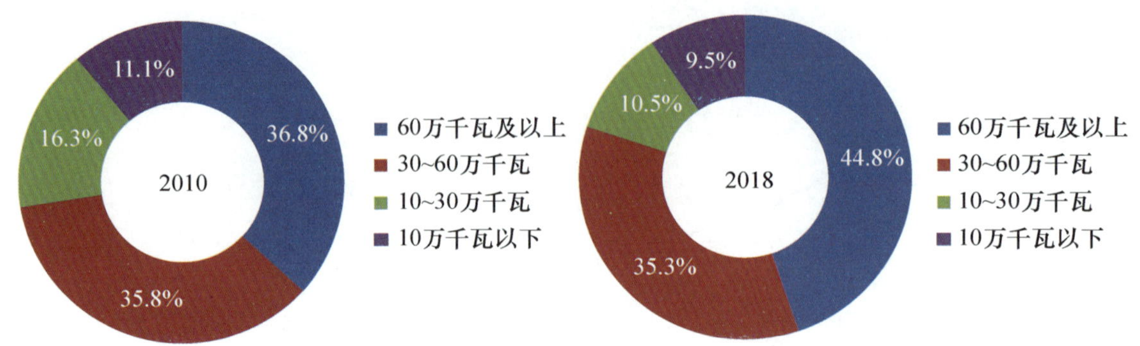

图 14－5　2010 年与 2018 年全国火电机组分容量结构对比

全面推动实施煤电综合节能改造，因厂制宜采用汽轮机通流部分改造、锅炉烟气余热回收利用、电机变频、供热改造等成熟适用的节能改造技术，重点对 30 万千瓦和 60 万千瓦等级亚临界、超临界机组实施综合性、系统性节能改造。截至 2018 年年底，全国累计完成煤电节能改造超过 6 亿千瓦。

扎实推进化解煤电过剩产能工作，充分发挥市场调节和宏观调控作用，淘汰关停不达标落后煤电机组。“十三五”以来，全国淘汰关停落后煤电机组 2000 万千瓦以上，提前两年完成“十三五”去产能目标任务，取得了良好的社会效益与环境效益。

多措并举推进煤电优化升级带动火电供电煤耗持续下降。2018 年全国 6000 千瓦及以上火电厂平均供电标准煤耗降至 307.6 克/千瓦时，比 2010 年降低 25.4 克/千瓦时。

“十二五”以来全国火电平均供电标准煤耗见图 14－6。

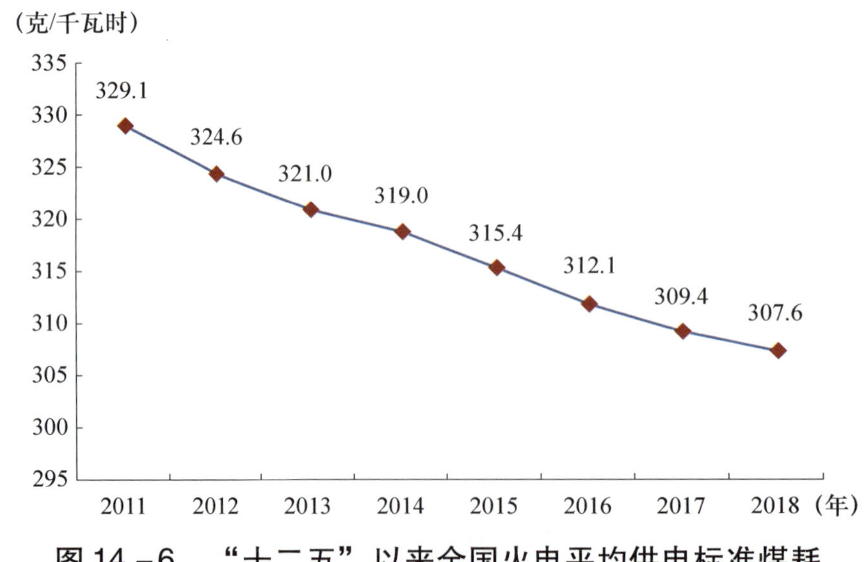

图 14－6　“十二五”以来全国火电平均供电标准煤耗

②发展非化石能源

在能源供给侧，非化石能源发电供应能力快速提升。截至2018年年底，全国非化石能源发电装机容量为77551万千瓦，占全国发电总装机容量的40.8%，比2017年提高2.1个百分点；2018年，全国非化石能源发电量为21634亿千瓦时，占全口径发电量的30.9%，比2017年提高0.8个百分点。在能源消费侧，非化石能源占一次能源消费比重稳步提高。2018年，全国非化石能源消费比重为14.3%，预计可以实现到2020年非化石能源消费比重达到15%的能源发展“十三五”规划目标。

“十二五”以来全国非化石能源消费比重见图14－7。

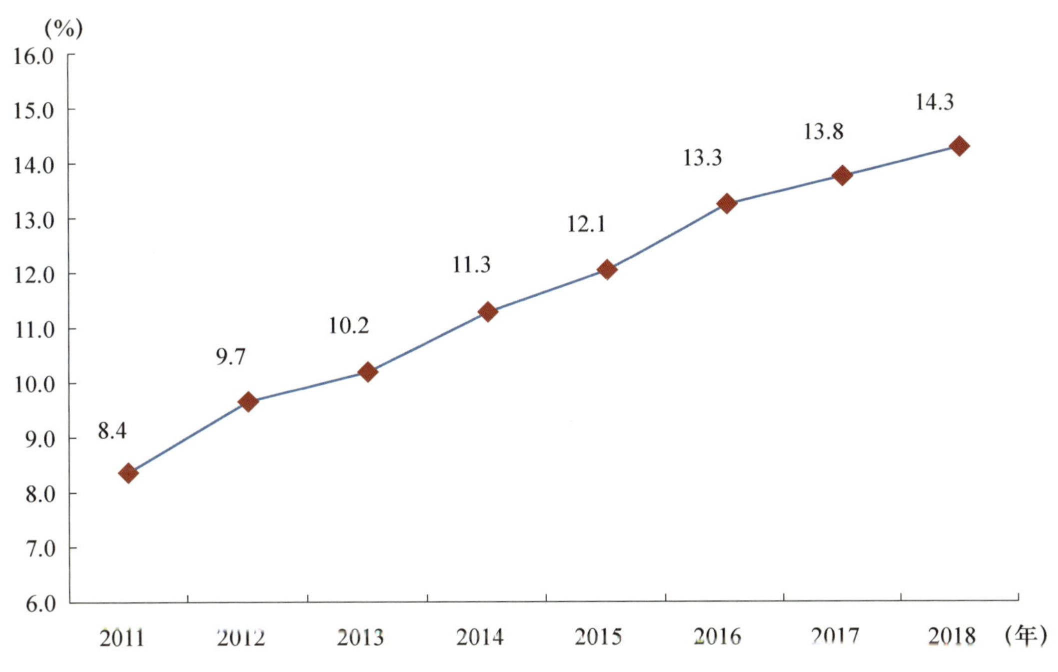

图14－7　“十二五”以来全国非化石能源消费比重

（数据来源：2011—2017年数据来自国家统计局《中国能源统计年鉴》；2018年数据来自国家统计局《中国统计摘要2019》）

③降低电网线损率

随着电网网架结构持续优化、输配电装备材料制造水平不断提升、电网智能化运行控制水平稳步提高与管理措施的日益完善，电网线损率总体呈现出稳步下降的态势。2018年全国线损率为6.27%，比2010年降低0.26个百分点。

“十二五”以来全国电网综合线损率见图14－8。

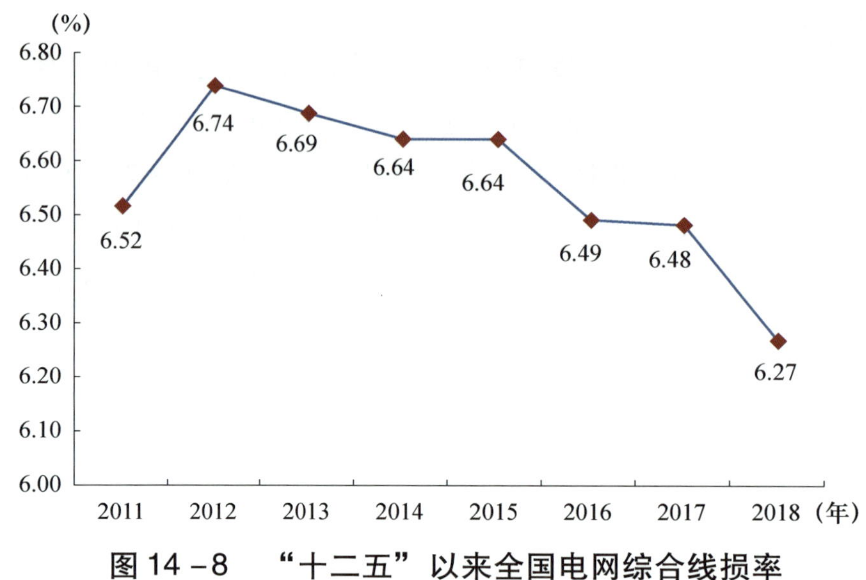

图 14－8 “十二五”以来全国电网综合线损率

第五篇 展望

本篇结合我国电气化中长期发展趋势，在基准情景与电气化加速情景下，预测2020年和2035年我国电气化发展主要目标，从电力供应侧、电力消费侧与可持续发展层面提出后续推动电气化高质量发展的行动展望。

中电联电力发展研究院研究表明：到2035年，电气化加速情景下的全国发电能源占一次能源消费比重预计达到57%，全国电能占终端能源消费比重预计达到38%，2035年我国电气化进程总体有望处于电气化中期高级阶段。以此目标为导向，将提高全社会电气化水平纳入国家“十四五”及中长期能源发展战略，明确电气化发展作为推动能源消费、供给、技术、体制革命与全方位加强国际合作的重要路径，进一步加强顶层设计与规划引领，加大支持力度，加快电气化进程，促进我国电气化发展更趋平衡、更加充分。

第十五章　机遇与挑战

我国新时期电气化发展是机遇与挑战并存，但是机遇要大于挑战。新形势下，我国区域间的电气化发展水平存在差距，电力系统安全稳定运行压力增大，在能效管理、电力普遍服务与电力市场化改革等领域面临着诸多困难，但推动电气化进程的基本面没有改变，支持电气化高质量发展的要素条件还在显著增多。能源绿色低碳转型、经济高质量发展、技术创新、电力发展形态衍变等诸多要素条件都将为推进我国电气化进程带来新的发展空间与创新机遇。

一、存在的机遇

1. 全球能源转型引领新时期电气化发展持续升级

当前，全球能源发展正处于大变革时期，随着全球经济增长和世界人口增加，能源需求预计在相当一段时期内仍将保持增长。因此，建立在依赖化石能源基础上的传统能源发展方式终将难以为继，推动全球能源转型已成为实现人类可持续发展的必由之路。纵观全球能源转型，可以发现两大趋势：一是能源格局向清洁主导、电为中心转变，重点聚焦在能源供给侧实施清洁替代，能源消费侧实施电能替代；二是能源系统向广域互联互通发展。更大规模的清洁能源将以电能形式实现大范围优化配置，并以智能电网作为多能转换利用的枢纽与资源优化配置的基础平台，逐步成为友好开放、共建共享的能源互联网。能源发展的多维度转型趋势相互叠加影响，也必将引领电气化发展在电力供应、电力消费与可持续发展等重点领域持续升级。

2. 经济高质量发展与电能替代促进电力需求持续增长

现阶段我国总体处于工业化后期后半阶段和城镇化快速推进期，经济由高速增长阶段转向高质量发展阶段，预计我国中长期经济形势整体稳中向好。在此宏观背景下，随着经济发展新旧动能转换，传统用电行业电力需求增速放缓，高技术及装备制造业与现代服务业等新兴产业将成为未来用电增长的主要推动力。城镇化建设也将有力推动电力需求刚性增长，未来西部地区用电比重将有所提高，东中部地区仍将是我国的用电负荷中心。同时，电气化进程下的电能替代仍将具有巨大的实施潜力。从技术层面来看，电蓄热锅炉可用于建筑密集小区的集中采暖，工业电锅炉可应用在工业产品加工工艺过程，交通运输领域电动汽车将逐步替代燃油汽车，居民生活领域的电炊具具有良好的替代前景，大型公共建筑热泵预计将会得到更加广泛的应用。

3. 技术创新促进清洁能源发电供应能力持续提升

电气化进程下的我国电源结构将以清洁低碳为导向、继续深化调整，清洁能源发电装机占比将进一步提高。风电机组大型化以及加大海上风电开发力度将成为风电装机容量增加的重要推动力。风机制造成本下降与竞争性鼓励政策出台将促进我国大部分地区在“十四五”期间具备陆上风电平价上网的条件。太阳能发电受成本持续下降的驱动，也将在“十四五”期间进入平价上网时代，分布式与集中式光伏发电规模仍将继续保持快速增长趋势。在第三代核电技术逐步普及应用的基础上，第四代核电技术有望在2022年投入使用。随着我国逐步具备重型燃气轮机自主设计与装备制造能力，将有效降低天然气发电建设成本，提升天然气发电的核心竞争力。借助先进工业物联网技术，各类型发电设备的安全水平与运行效率将显著提升。

4. 低碳背景下的电力发展约束将发生根本性变化

虽然我国燃煤发电装机及发电量占比持续下降，但当前乃至未来一段时间，煤电仍然是我国电力、电量的供应主体，中国电力仍然是一个巨大的高碳结构体系。同时，鉴于我国燃煤发电机组平均运行年龄为12年左右，百万千瓦煤电机组平均运行年龄为5年左右，碳锁定效应明显，以煤电为主的电源结构使电力行业碳排放总量仍将增长。我国煤电机组技术水平已是世界先进甚至领先，后续进一步提高能源转换效率、减少水资源消耗的空间也逐渐减小，电力行业将逐步过渡到以碳约束和碳减排为统领的节能减排新阶段，全国碳市场（发电行业）加快建设，价格传导机制更趋协调，将有效促进碳成本逐步反映在电价中，电力市场中的低碳措施将与碳市场协调实施。

5. 电网将在新一轮能源生产与消费变革中处于重要位置

新时期电气化发展对电网的技术、功能、形态提出了更高的要求，未来的电网将不再是单纯的输电载体，而成为多能转换利用的枢纽与资源优化配置的平台。为了实现更大规模的清洁能源开发、更大范围的清洁电力输送与电力系统安全稳定运行，电力输送与调度控制仍需在远距离输电、特高压海底电缆、储能、柔性输电等关键技术上继续取得突破。同时，信息化系统优势将得到充分发挥，强化以电网作为核心资源配置中枢的综合能源服务体系建设，为提升电力需求侧响应水平提供技术支持，预计未来部分地区可能出现电力负荷增速低于电量增速的情况。

6. 电力新业态推动形成多能互补、高效节约的用能新格局

电气化发展促进人工智能、大数据、云计算、物联网等先进技术对能源互联网

与综合能源服务发展的支撑作用日渐增强，横向的多能互补与纵向的源、网、荷、储深度融合，将有力推动我国能源综合利用效率不断提升。与此同时，适应电力新业态发展的政策机制持续完善，与各类新业态发展目标相匹配的项目开发模式、商业模式与盈利模式不断创新，基于“互联网+”的智慧能源供给、需求网络的广泛应用，传统电力企业逐步转变为综合能源服务商的态势已经清晰显现。终端用户用能趋于多元化、定制化，逐步形成多能互补、高效节约的用能新格局，更加有力地支撑能源生产和消费革命。

二、面临的挑战

1. 我国区域间电气化发展水平存在明显差异

“十二五”以来，我国电气化发展取得了显著成就，电气化进程步入新阶段并持续快速向前推进。同时，不同地区间的电气化发展尚不平衡。西北地区与南方地区的一次能源结构中发电用能占比更高，东南沿海地区的终端用能以及居民生活电气化水平显著高于西北与东北地区。从终端用能电气化水平来看，华东地区2017年电能占终端能源消费比重达到25.5%，显著高于东北地区的15.6%；从人均生活用电量来看，华东地区2018年人均生活用电量为938千瓦时/人，超出同年西北地区人均生活用电量的1倍。后续需要大力推动区域间电气化协同发展，缩小区域间电气化水平差距，以更好地支撑各区域产业结构调整与居民生活水平提升。

2. 电气化进程下的电力系统安全稳定运行压力增大

随着经济高质量发展带动产业结构优化转型，将会在一定程度上抑制负荷率相对较高的高耗能行业扩能增产，终端用能电气化将促进负荷率相对较低的第三产业和居民生活用电占比不断提高，进而呈现出电网峰谷差进一步增大的趋势。未来的电力需求将更多依靠清洁能源满足，作为清洁能源发电供应主体的风电、太阳能发电，具有很强的随机性、波动性，高渗透率场景下对电力系统灵活调节能力需求日益提高。同时，随着电动汽车、虚拟电厂、储能等交互式能源设施大量接入，电网负荷预测与潮流控制更为复杂，高技术产业、高端装备制造业、信息服务业等诸多新兴产业也对安全可靠供电提出了更高的要求。因此，电力系统需要持续提升安全、稳定运行的能力，以更好地适应新时期电气化的发展。

3. 推进能效管理与节能节电工作面临新挑战

我国高度重视能效与节能节电工作，也制定了相关法律和政策规章，近年来通过较高强度的节能减排技术改造升级，节能节电潜力已得到很好的释放。但在此过程中长期依赖行政手段，而且主要集中在工业节能节电技术与产品替代方面，后续再依托大规模新增节能节电项目与淘汰落后产能提高能效的空间进一步收窄。传统的能效管理与节能节电手段已经很难适应能源转型背景下，进一步减少污染物和二氧化碳排放的需要。

4. 后续高质量开展电力普遍服务亟需创新补偿机制

随着进一步深化电力体制改革，电力市场化程度不断提高，电力交易市场建设与大用户直接交易发展迅速，大部分地区已将工业用户纳入市场化交易范围，商业用户也将逐步进入市场，工商业电价水平下降压缩交叉补贴空间，电力普遍服务资金缺口将逐步显现。目前，电力普遍服务任务较重的东北、新疆、青海、四川和甘肃藏区，普遍存在电网投资大、用电负荷分散、用电量少的特点，这些地区的电网企业基本处于大面积亏损状态。在后续推进电力普遍服务面临资金保障压力进一步增大的形势下，亟需建立新的电力普遍服务补偿机制，以缓解交叉补贴压力。

5. 适应新形势的电力市场体系有待进一步完善

“9 号文”发布以来，我国电力市场的建设进程加快推进，多元化的市场主体格局正在形成。在电力市场化建设取得阶段性成果的同时，我国电力市场仍然面临着省间壁垒、辅助服务机制不够健全、电力价格形成机制不够完善等诸多挑战。我国电力长期以来按省域平衡为主，省间壁垒严重，跨省跨区交易激励不足，电价、交易等均缺乏全国层面的统筹。各类辅助服务提供主体参与辅助服务，缺乏合理的利益补偿，影响其参与系统深度调峰的积极性，阻碍了清洁能源利用水平的提高。煤炭价格长期超过国家规定绿色区间的同时，通过加速放开发用电计划、大幅提高市场交易电量、不断创新交易品种，促使煤电电价持续下降的同时，煤电企业发电成本疏导不畅，整体业绩低迷，呈现行业性困难。

第十六章 发展目标

结合电气化在电力供应侧、电力消费侧与可持续发展层面的中长期发展形势，对应基准情景与电气化加速情景下，在预测2020年和2035年我国能源需求与电力需求的基础上，对我国电气化主要发展目标进行预测。中电联电力发展研究院研究结果表明，到2035年，电气化加速情景下的全国发电能源占一次能源消费比重达到57%、电能占终端能源消费比重达到38%、清洁能源发电装机占比75%、人均生活用电量1900千瓦时/人。从4项电气化进程评价典型特征指标量值所对应的电气化进程区间均可以体现出：2035年我国电气化进程总体有望处于电气化中期高级阶段，与发达国家的电气化进程差距将逐步缩小。

一、场景设置

影响中长期电气化发展的因素众多，不确定性较大，因此本报告设计基准情景与电气化加速情景，分别反映能源结构调整与发展方式转变由平速到快速情况下的中国电气化发展趋势。

基准情景下，2020—2035年国内生产总值（GDP）年均增速5.0%，2035年全国人口达到14.5亿左右。通过加快清洁能源发展、加大电能替代实施力度、持续提高能效水平、深化电力市场化改革，确保以下能源电力发展规划目标顺利实现：能源生产和消费革命战略（2016—2030）中制定的非化石能源消费比重2020年达到15%、2030年达到20%，单位GDP能耗2020年比2015年下降15%、2030年达到世界平均水平，单位GDP碳排放量2020年比2015年下降18%、2030年比2005年下降60%~65%，电力发展“十三五”规划中制定的2020年电能占终端能源消费比重不低于27%。

电气化加速情景下，国内生产总值（GDP）年均增速和人口总量与基准情景保持一致。建设“美丽中国”助力我国能源绿色低碳转型提速，工业、建筑、交通运输等重点领域通过深入实施电能替代，持续激发全社会增量用电需求，促使发电侧的电力供应规模较基准情景也有一定幅度的增加。后续电力市场与碳市场建设协同推进，绿色电力证书交易机制不断完善，为清洁能源发电装机规模的进一步扩大提供了市场驱动力。以电动汽车为代表的大量灵活性用电负荷与各类储能系统、虚拟电厂等调节资源协调配合，支撑智慧电力系统安全、稳定、灵活运行，实现比基准情景下更高比重的清洁能源接入。

二、目标预测

1. 能源需求

基准情景下，预计2020年、2035年，全国一次能源消费总量达到48.7亿吨标准煤和58.1亿吨标准煤，终端能源消费总量达到33.9亿吨标准煤和39.6亿吨标准煤。能源需求总量增速放缓，终端能源需求和一次能源需求于2030年后进入峰值平台期。

电气化加速情景下，全社会总能效水平相比于基准情景有所提高，终端用能领域的电能替代实施成效更加显著，带动一次能源及终端能源消费需求增速进一步放缓。预计2035年，全国一次能源消费总量达到57.8亿吨标准煤，终端能源消费总量达到39.1亿吨标准煤。

2020年和2035年全国一次能源消费总量与终端能源消费总量预测见图16－1。

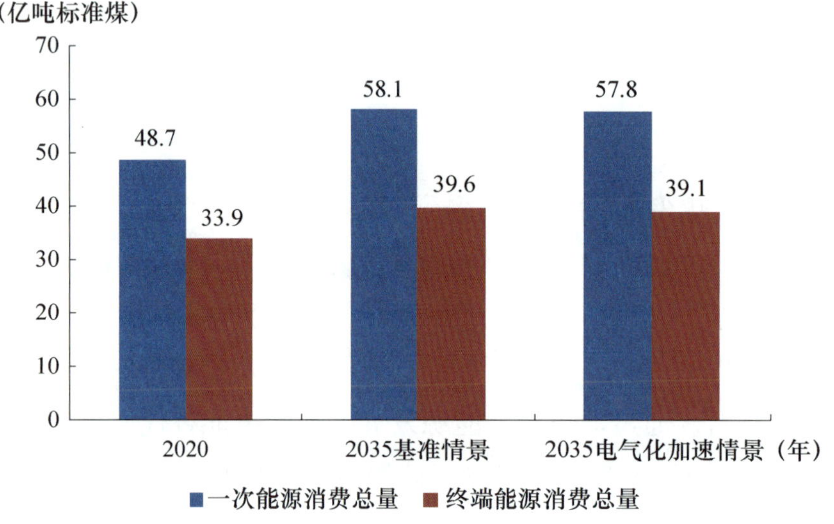

图16－1　2020年和2035年全国一次能源消费总量与终端能源消费总量预测

2. 用电需求与用电结构

基准情景下，预计2020年、2035年，全国全社会用电量达到7.4万亿千瓦时和11.6万亿千瓦时。“十三五”期间以及2020—2035年，全社会用电量年均增速分别达到5.4%和2.9%。

从产业用电情况来看，到2020年前后，全国基本实现工业化，第二产业用电量比重小幅下降，但其在用电总量中的主体地位不会发生改变。2020年后，随着国民经济转向新兴产业与现代服务业快速发展，预计第二产业用电占比下降速度将加快，第三产业和居民生活用电占比显著上升。到2035年，第二产业、第三产业和城乡居民生活用电量占比分别为53%、25%和21%。

电气化加速情景下，电力消费新动能全面形成。信息传输/计算机服务和软件业用电增速逐步提高，电动汽车在交通运输领域全面推广应用，电气化铁路实现跨越式发展，工业领域深度电能替代，电商零售业尤其是电商快递物流业务持续高速增长。特别是大数据综合试验区等逐步建成投运，拉动行业用电量持续快速增长。预计 2035 年，全国全社会用电量达到 12. 1 万亿千瓦时。2020—2035 年，全社会用电量年均增速达到 3. 3% 。

从产业用电情况来看，2020 年后随着电气化进程加快推进，我国从制造业大国发展为制造业强国的过程中，工业用电增长仍然是全社会用电增长的主力军。同时，第三产业用电增速将继续保持较高水平，人民生活水平持续提高促进城乡居民生活用电持续保持快速增长。到 2035 年，第二产业、第三产业和城乡居民生活用电量占比分别为 52% 、24% 和 23% 。

2020 年和 2035 年全国全社会用电量需求预测见图 16－2。

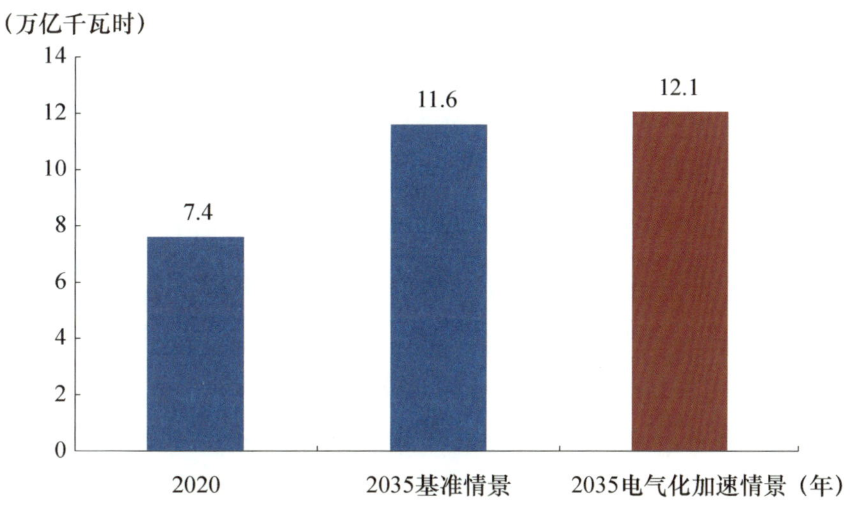

图 16－2　2020 年和 2035 年全国全社会用电量需求预测

2035 年全国用电结构预测见图 16－3。

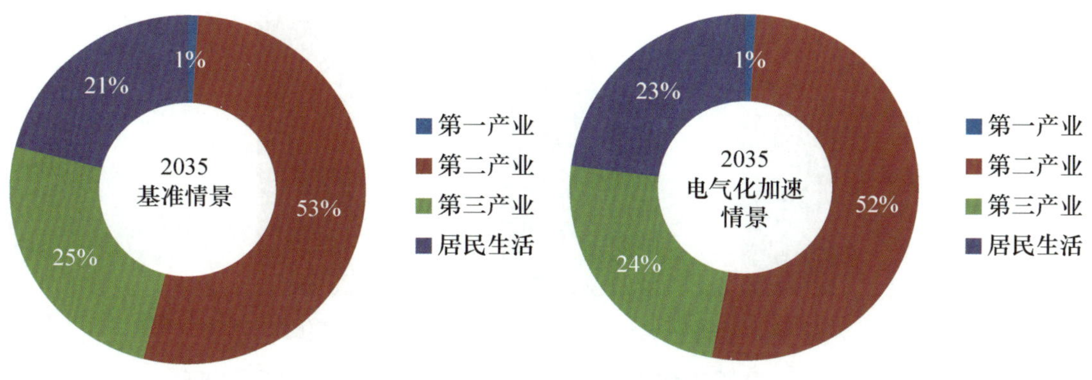

图 16－3　2035 年全国用电结构预测

3. 发电供应能力与电源结构

基准情景下，预计2020年、2035年，全国发电装机容量分别达到21.3亿千瓦和39.8亿千瓦，发电量分别达到7.5万亿千瓦时和11.7万亿千瓦时。“十三五”期间以及2020—2035年，全国发电装机容量年均增速分别达到6.9%和4.3%。

从中长期电源结构来看，在满足经济发展对能源电力需求的基础上，风电和光伏发电装机规模继续保持较高增速，水电、核电装机容量平稳增长。考虑“十三五”末期煤电装机规模总体控制在11亿千瓦左右，“十五五”期间煤电装机规模进入12.5亿—13.0亿千瓦的峰值区间后，煤电装机占比稳步降低。到2035年，火电、水电、核电、风电、太阳能发电装机占比分别为39%、15%、4%、18%和24%。

电气化加速情景下，全社会用电量需求增大带动发电装机容量与发电量进一步提升。预计2035年，全国发电装机容量达到41.7亿千瓦，发电量达到12.2万亿千瓦时。2020—2035年，全国发电装机容量年均增速达到4.6%。

从中长期电源结构来看，随着我国二氧化碳排放在2030年前达到峰值，煤电装机规模进入峰值期的时间将早于二氧化碳排放达到峰值，碳减排的约束作用进一步增强，确保煤电装机保持在12.5亿—13.0亿千瓦的峰值区间，2030年后煤电装机占比快速下降。同时，电力大范围输送能力提升与电力市场化交易机制不断完善，为清洁能源高效利用提供了坚实保障，风能与太阳能发电成本持续下降，将继续作为清洁能源开发利用的主体电源。到2035年，火电、水电、核电、风电、太阳能发电装机占比分别为34%、14%、4%、19%和29%。

2020年和2035年全国发电装机容量预测见图16－4。

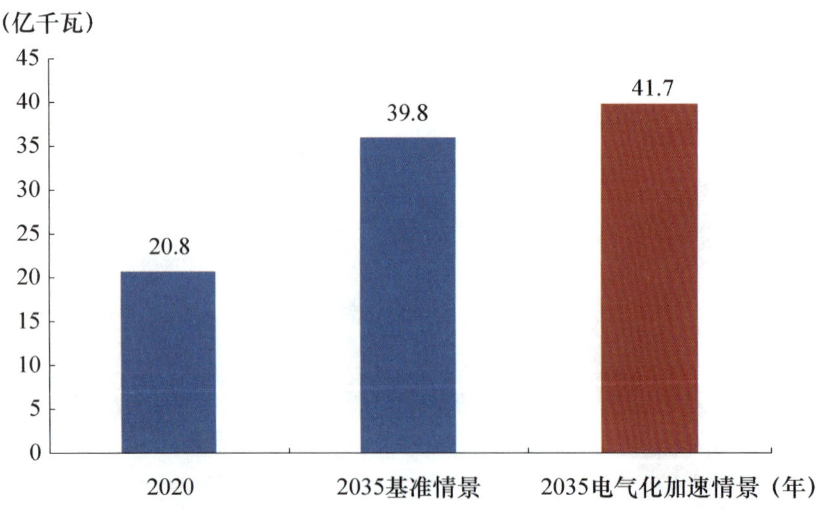

图16－4　2020年和2035年全国发电装机容量预测

2035 年全国电源结构预测见图 16 – 5。

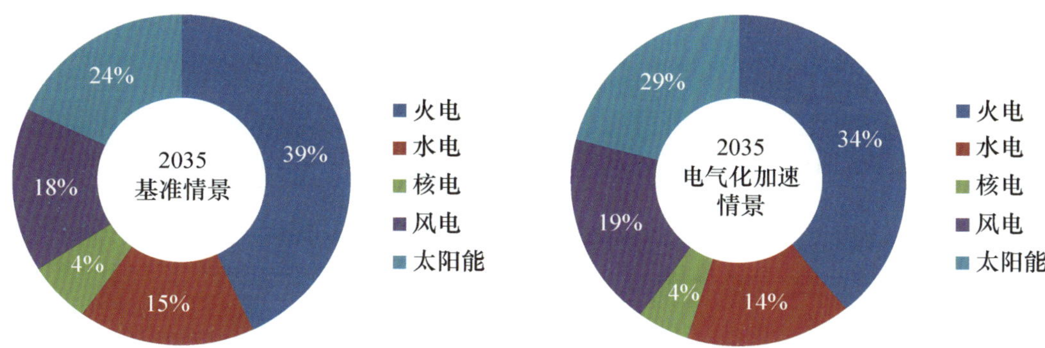

图 16 – 5　2035 年全国电源结构预测

4. 电气化发展主要指标

（1）发电能源占一次能源消费比重

基准情景下，我国供给侧结构性改革稳步推进，煤炭优质产能持续向发电领域集中，带动电煤占煤炭消费比重稳步提高。煤电运行效率逐步提升，拉动火电标准煤耗持续下降。预计 2020 年、2035 年，全国发电能源占一次能源消费比重分别达到 47.4% 和 55%。

电气化加速情景下，天然气产供储销体系建设取得显著成效，拉动发电用气占天然气消费比重稳步提高。非化石能源快速发展与电力系统智慧化水平显著提升，带动风、光、水等一次电力发电量快速提升。预计 2035 年，全国发电能源占一次能源消费比重达到 57%。

（2）电能占终端能源消费比重

基准情景下，国家关于推进电能替代的指导意见全面实施，以电代煤和以气代煤同步推进，交通领域电气化程度逐步提高，电动汽车逐步替代燃油汽车。预计 2020 年、2035 年，全国电能占终端能源消费比重分别达到 27.5% 和 36%。

电气化加速情景下，考虑碳排放约束进一步增强，可再生发电规模的增加促进了电能替代煤炭和石油的程度高于基准情景。同时，考虑未来可能出现电动汽车、电制热等领域的技术飞跃，引发交通、工业、建筑等主要部门的深度电能替代，均有力驱动用电需求增长，带动电能占终端能源消费比重快速提升。预计 2035 年，全国电能占终端能源消费比重达到 38.0%。

（3）清洁能源发电装机占比与清洁能源发电量占比

根据发电供应能力与电源结构预测结果测算后得出：

基准情景下，预计 2020 年，全国清洁能源发电装机容量为 10.5 亿千瓦，占比达到 49%，清洁能源发电量占比达到 36%。预计 2035 年，全国清洁能源发电装机容量为28.2亿千瓦，占比达到71%，清洁能源发电量占比达到59%。

电气化加速情景下，预计2035年，全国清洁能源发电装机31.2亿千瓦，占比达到75%，清洁能源发电量占比达到61%。

（4）人均生活用电量

根据用电需求与用电结构预测结果，结合预期达到的全国人口总量测算后得出：

基准情景下，预计2020年、2035年，全国人均生活用电量分别达到750千瓦时/人和1700千瓦时/人。

电气化加速情景下，预计2035年，全国人均生活用电量达到1900千瓦时/人，达到经合组织（OECD）国家2015年平均水平的85%左右。

（5）单位发电量二氧化碳排放强度

基准情景下，在供给侧结构性改革持续深入推进、化解煤电过剩产能稳步实施的同时，煤电清洁化利用水平进一步提升，新投产的大容量、高参数煤电机组始终保持国际领先的能耗与污染物排放水平，存量煤电的节能改造与超低排放改造工作深入实施。在确保电力供需平衡的基础上，大力发展清洁能源将拉动单位发电量二氧化碳排放强度保持下降趋势，预计2020年、2035年，全国单位发电量二氧化碳排放强度分别降至约543克/千瓦时和385克/千瓦时。

电气化加速情景下，清洁能源发电供应能力快速提升，各类储能技术快速发展并得到广泛应用，电力市场机制进一步完善，分时电价对电力负荷“移峰填谷”的影响作用不断增强，电力供需双向互动能力显著提高，带动电力系统灵活性持续提升。在碳排放约束进一步增强的背景下，核电建设进程加快，新增核电可以替代部分煤电作为支撑性电源，带动全口径发电量中的高碳化石能源发电量占比较基准情景有所下降。预计2035年，全国单位发电量二氧化碳排放强度降至约338克/千瓦时。

2020年和2035年我国电气化发展主要指标预测见表16－1。

表16－1　2020年和2035年我国电气化发展主要指标预测

指标名称	2020年	2035年 基准情景	2035年 电气化加速情景
发电能源占一次能源消费比重（%）	47.4	55	57
电能占终端能源消费比重（%）	27.5	36	38
清洁能源发电装机占比（%）	49	71	75
清洁能源发电量占比（%）	36	59	61
人均生活用电量（千瓦时/人）	750	1700	1900
单位发电量二氧化碳排放强度（克/千瓦时）	543	385	338

第十七章　行动展望

2019 年是确保顺利完成能源发展“十三五”规划重点目标的关键一年，也是高质量编制能源发展“十四五”规划的谋划、蓄力之年。建议将提高全社会电气化水平纳入国家“十四五”及中长期能源发展战略，明确电气化发展作为推动能源消费、供给、技术、体制革命与全方位加强国际合作的重要路径；以电气化各领域发展目标为导向，进一步凝聚政府、社会民众、电力企业与行业组织多方共同推动电气化发展的共识，从电力供应侧、电力消费侧与可持续发展层面多维度促进我国电气化发展更趋平衡、更加充分；着力缩小区域间电气化水平差距，提高东部地区的清洁能源自给率，提升西部地区的终端用能电气化水平，加快区域电气化进程。

一、电力供应展望

1. 提高清洁能源发电供应能力

加快以清洁能源为核心的综合电源基地开发。以四川、云南、青海和西藏为重点，加快建设水电基地；三北地区集中建设大型陆上风电基地，东部沿海省份开发大型海上风电基地；西北地区建设大型太阳能发电基地，同步在大型清洁能源基地内布局建设一批支撑性电源。超前谋划，尽快确立核电战略地位，以沿海核电带为重点、加快安全高效核电建设。因地制宜推动分布式清洁电源开发。重点在东中部经济发达的负荷中心地区建设分散式风电和分布式光伏发电，并依托新能源微电网等先进电网技术实现分布式清洁能源高效利用。

2. 提升电力系统智慧化水平

从电源侧、电网侧、负荷侧协同推进电力系统智慧化建设，推动电力系统新格局下的技术与管理变革。发电侧积极推动智能电厂应用功能升级，融合先进控制技术与智慧管理技术，促进发电厂更好地适应智能电网需求；电网侧充分发挥大电网的枢纽性、平台性、共享性等核心优势，加强传统电网与先进物联网的深度融合；负荷侧推动智能用电技术提高需求响应能力。

3. 推动能源电力新业态健康发展

随着智慧能源系统建设深入推进，顺应能源电力发展新趋势，着力培育能源革命进程中形成的新业态、新模式。通过进一步加强规划引领，大力完善“互联网＋”智慧能源、多能互补集成优化、新能源微电网等能源电力新业态的技术标准体系，明确各类新业态的中长期实施路径，促进以电为核心综合能源系统智慧化发展，实现多种能源综合利用效率逐步提高。

4. 构建全球能源互联网

依托全球能源互联网发展合作组织，以全球能源互联网骨干网架为统领，建立全面系统的规划体系；以“电－矿－冶－工－贸”联动发展为样板，结合各洲各国实际，建立互利合作的项目建设机制；对接“一带一路”六大经济走廊和三条蓝色经济通道，统筹开发“一带一路”国家水电、风电、太阳能发电等清洁能源，打造新亚欧大陆桥等七大电力走廊，形成“五横六纵”亚欧非能源互联网骨干网架，促进“一带一路”国家经济社会环境协调可持续发展。

二、电力消费展望

1. 提高电能占终端能源消费比重

在居民采暖领域，推进北方地区清洁电采暖，在长江沿线采暖需求区以及非连续性采暖的学校、部队等场所，推广分散电采暖技术；在工（农）业生产制造领域，针对生产工艺用热量较大的各类生产制造行业推广蓄热式工业电锅炉；在交通领域，优化主干高速公路和环渤海、长三角、粤港澳大湾区城市群城际充换电服务网络；在建筑领域，聚焦在冷热负荷需求集中的城市中心区、工业园区推广电蓄冷空调、电蓄热锅炉，逐步形成以电能消费为主体的终端用能新格局。

2. 加大电能替代实施力度

完善现有能源价格机制，引导用户从费用节约向资源节约的用能观念转变；通过拓展奖励、补贴等方式，对符合条件的电能替代技术研发、电能替代项目实施予以支持，借助税收优惠引导用户选择电能替代设备，提升用户参与电能替代的积极性；通过积极拓宽融资渠道、完善融资机制，吸引民营资本和社会资本进入电能替代领域，激励金融机构拓展适合电能替代技术设备推广的融资方式和配套金融服务，扩大电能替代的实施空间。

3. 改善能效管理与节能节电工作

制定和完善各类产品、技术、建筑和行为的能耗信息强制披露制度。理顺能效管理体制，加强节能节电与能效监管。完善节能与能效提升激励措施。加强电力需求侧管理，通过科学的价格机制积极引导用户提高用电灵活性，减小电力系统调峰需求，降低用电成本。

三、可持续发展展望

1. 完善电力普遍服务工作机制

研究建立以电价附加方式为资金来源的电力普遍服务基金，梳理目前电价中已包含的政府性基金和附加，将已经完成任务或即将到期的政府性基金转为普遍服务基金，在有效缓解交叉补贴压力的同时，逐步改变依靠电网建设提供普遍服务的局面，进一步支持偏远地区分布式能源、智能微电网等新业态发展，提高清洁能源利用水平。

2. 深化电力市场化改革

加快推进电力现货市场建设试点，加快完善现货市场机制设计及规则，统筹中长期与现货市场规模，结合市场实际运行情况设置合理的中长期合同最低占比，确保维护电力市场稳定。加快容量市场和辅助服务市场建设，建立完善火电固定成本回收机制。加快形成科学合理的电价机制。进一步完善居民阶梯电价制度，推动交叉补贴、暗补改为明补，逐步妥善解决电价交叉补贴问题。

3. 推动低碳电力发展迈上新台阶

研究推动电力市场与碳交易市场深度融合，探索构建电碳综合市场，实现碳减排与能源转型协同推进。加强电力行业应对气候变化能力建设，深入开展低碳统计，进一步完善火电厂环境和应对气候变化统计报表制度。加快可用于电力行业的国家重点节能低碳技术推广应用。建立健全发电企业碳排放管理机制体系，深入开展企业碳资产管理工作，积极推动发电企业自愿减排项目的开发。

附　录

附录 1

电气化发展内涵主要名词的含义

清洁能源：水能、风能、太阳能、核能、天然气、海洋能、生物质能的统称。

智能电网：在传统电力系统基础上，通过集成新能源、新材料、新设备与先进传感技术、信息技术、控制技术、储能技术等新技术，形成的新一代电力系统，具有高度信息化、自动化、互动化等特征，可以更好地实现电网安全、可靠、经济、高效运行。

电能替代：在能源消费上，以电能替代煤炭、石油等化石能源的直接消费，提高电能在终端能源消费中的比重。

电力普遍服务：电力行业履行的社会责任和承担的重要义务，即对任何人都要提供无资费歧视、无质量歧视、无地域歧视且能够使人们负担得起的电力产品服务。

电力市场：是对电力系统中的发电、输电、供电、用户各部分组织协调运行并进行电力交易的综合体，并通过其还原电力的商品属性，健全电价体制，优化资源配置，提高用电效率，降低用电成本。

附录 2

电气化进程评价指标说明

1. 电力供应评价指标

（1）发电能源占一次能源消费比重（%）

基本概念：

发电能源占一次能源消费比重是指全口径发电能源消费是在各种一次能源消费总量中的百分比。

计算方法：

$$发电能源占一次能源消费比重 = \frac{全口径发电能源消费量}{一次能源消费总量} \times 100\%$$

（2）清洁能源发电装机占比（%）

基本概念：

清洁能源发电装机占比是指清洁能源发电装机容量占统计区域内总发电装机容量的比率。

计算方法：

$$清洁能源发电装机占比 = \frac{清洁能源发电装机容量}{总发电装机容量} \times 100\%$$

（3）清洁能源发电量占比（%）

基本概念：

清洁能源发电量占比是指清洁能源发电量占统计区域内总发电量的比率。

计算方法：

$$清洁能源发电量占比 = \frac{清洁能源发电量}{总发电量} \times 100\%$$

（4）风光水电利用率（%）

基本概念：

风光水电利用率是指风能、太阳能、水能实际消纳的发电量占其可利用发电量的比率。

计算方法：

$$风光水电利用率 = \frac{风能、太阳能、水能实际消纳的发电量}{风能、太阳能、水能可利用发电量} \times 100\%$$

(5) 平均供电可靠率(%)

基本概念:

平均供电可靠率是指在统计期间内为不计及因系统电源不足而需限电的情况。

内涵意义:

平均供电可靠率是供电质量的重要指标,也是提高电能质量的重要内容。平均供电可靠率是用户直接感知的电力供应质量,电网的建设和运维水平直接影响供电可靠率,提升供电可靠率可以从供应环节提高电能的应用水平。

2. 电力消费评价指标

(1) 电能占终端能源消费比重(%)

基本概念:

电能占终端能源消费比重是指电能(用电量与电热当量的积)在各种终端能源消费总量中的百分比。

计算方法:

$$\text{电能占终端能源消费比重} = \frac{\text{用电量} \times \text{电热当量}}{\text{终端能源消费总量}} \times 100\%$$

(2) 全行业用电占用能比重(%)

基本概念:

全行业用电占用能比重是指第一产业、第二产业与第三产业合计消耗的电能占三次产业能源消费总量的比重。

计算方法:

$$\text{全行业用电占用能比重} = \frac{\text{第一、第二、第三产业用电量} \times \text{电热当量}}{\text{第一、第二、第三产业能源消费总量}} \times 100\%$$

(3) 人均用电量(千瓦时/人)

基本概念:

人均用电量是指统计区域内的单位人口平均用电量。

计算方法:

$$\text{人均电力用电量} = \frac{\text{统计区域内的用电量}}{\text{年末总人口数量}}$$

(4) 单位 GDP 电耗(千瓦时/万元)

基本概念:

单位 GDP 电耗是指统计区域内的每单位国内生产总值消耗的用电量。

计算方法:

$$\text{单位 GDP 电耗} = \frac{\text{统计区域内的用电量}}{\text{国内生产总量(可比价格)}}$$

(5) 获得电力指数

获得电力指数取自世界银行“获得电力”指标得分。

获得电力在行业内称用电报装，有时也简称办电，其指标主要反映企业获得电力供应的便利程度，主要测评一个企业获得永久性电力连接的所有手续，包括向电力企业提出申请并签订合同，从其他机构办理的一切必要的检查和审批手续，以及外部的和最终的连接作业。简单来说，世行衡量“获得电力”的这几项指标对用电企业来说就是办电流程更少、接电时间更短、接电成本更合理、用电服务更优质。

3. 可持续发展评价指标

(1) 城乡居民户均用电装接容量（千瓦/户）

基本概念：

城乡居民户均用电装接容量是指统计区域内每个城乡居民电力用户具有的电力容量。

计算方法：

$$\text{城乡居民户均用电装接容量}=\frac{\text{城乡居民用户用电装接容量}}{\text{城乡居民电力用户个数}}$$

(2) 人均生活用电量（千瓦时/人）

基本概念：

人均生活用电量是指统计区域内单位人口的居民生活用电量。

计算方法：

$$\text{人均生活用电量}=\frac{\text{统计区域内居民生活用电量}}{\text{年末总人口数量}}$$

(3) 平均销售电价（元/千瓦时）

基本概念：

平均销售电价是指在一定时期（如年、季、月）或一定地区（如全国、省、市、县）内电力商品的价格的平均数。根据需要评价的时空尺度的不同，可以衍生出，全国平均销售电价（年度、季度、月度）、全省平均销售电价（年度、季度、月度）。

内涵意义：

平均销售电价在一定程度上还原了电力的商品属性，同时反映了用户使用电力的可承受度。随着电力市场化程度的提高，平均销售电价将更加有效地体现出电力商品具有的价值。

(4) 单位火电发电量二氧化碳排放强度（克/千瓦时）

基本概念：

单位火电发电量二氧化碳排放强度是指统计区域内每单位火电发电量产生的二氧化碳排放量。

计算方法：

$$单位火电发电量二氧化碳排放强度 = \frac{火电二氧化碳排放总量}{火电发电量}$$

（5）单位发电量二氧化碳排放强度（克/千瓦时）

基本概念：

单位发电量二氧化碳排放强度是指统计区域内每单位发电量产生的二氧化碳排放量。

计算方法：

$$单位发电量二氧化碳排放强度 = \frac{电力生产二氧化碳排放总量}{总发电量}$$

附录 3

电气化进程评价典型特征指标量值区间划分

这里根据电气化发展历程中呈现出的主要特征，选取发电能源占一次能源消费比重、清洁能源发电装机占比、平均供电可靠率、电能占终端能源消费比重、人均生活用电量与单位发电量二氧化碳排放强度 6 个典型特征指标，划分出每个典型特征指标在电气化进程各阶段的基准值区间。考虑到不同国家的能源资源禀赋、支撑性电源结构、供电密度、终端用能结构以及居民用电习惯存在明显差异，因此在研判具体国家所处电气化进程阶段具有的典型特征时，相关特征指标有必要结合具体国情、在基准值的基础上对指标区间进行适度调整，以更好地匹配对应国家的电力工业发展现状与规划目标。

电气化进程各阶段典型特征指标基准值区间见下表。

典型特征指标	各阶段指标基准值区间				
	电气化前期	电气化中期			电气化后期
		初级阶段	中级阶段	高级阶段	
发电能源占一次能源消费比重（%）	<30	30～40	40～50	50～60	>60
清洁能源发电装机占比（%）	<15	15～35	35～55	55～75	>75
平均供电可靠率（%）	<99.772	99.772～99.960	99.960～99.994	99.994～99.998	>99.998
电能占终端能源消费比重（%）	<10	10～20	20～35	35～50	>50
人均生活用电量（千瓦时/人）	<200	200～500	500～1500	1500～4000	>4000
单位发电量二氧化碳排放强度（克/千瓦时）	>650	650～450	450～300	300～150	<150

附录 4

电气化进程指数说明

1. 电气化进程指数定义及综合计算方法

构建电气化进程指数（$Index_{dqh}$）以电气化发展评价指标体系为基础，遵循科学性、合理性、指导性原则，结合样本国家各项评价指标的高低限值与发展变化趋势，将全部参与进程指数测算的每项电气化进程二级评价指标得分设置在 50 ~ 100 分之间，通过对进程评价指标体系中相关评价指标设置权重，将评价指标计量分值结合指标的综合权重加权求和，最终得到的综合评分结果即为对应样本国家的电气化进程指数（$Index_{dqh}$）。

以电气化主要评价指标体系为基础，结合相关指标数据特点与变化趋势，将每项电气化进程评价二级目标暨评价指标得分设置在 50 ~ 100 分之间。考虑到不同国家影响电气化进程的核心要素差别显著，并且评价指标之间存在量纲不统一问题，首先，根据指标性质，对指标原始数据分别进行正向化、归一化处理；其次，结合对应国家在电力供应、电力消费与可持续发展的每项目标能够达到的最高水平设置该国的各项评价指标最高值，以全部样本国家中现阶段每项目标的最低水平设置评价指标最低值；再次，依据对应国家各项评价指标最高值和最低值的差距，分别按比例计算指标得分，赋值高低只影响指数间的差距大小，不会改变指数的方向和排序；最后，通过对指标体系中每项评价指标设置权重，将全部参与进程指数测算的评价指标计量分值结合各项指标的综合权重加权求和，最终得到的综合评分结果即为对应国家的电气化进程指数（$Index_{dqh}$）。

电气化进程指数计算公式为

$$Index_{dph} = \sum_{i=1}^{n} a_1 Z_1 + a_2 Z_2 + \cdots + a_i Z_i$$

式中，$a_1 \sim a_n$为全部参与进程指数测算的电气化进程评价指标综合权重；$Z_1 \sim Z_n$为全部参与进程指数测算的电气化进程评价指标计量分值。

电气化进程评价指标综合权重见下表。

序号	一级发展目标	二级发展目标（评价指标）
1	电力供应（0.33）	发电能源占一次能源消费比重（0.08）
2		清洁能源发电装机占比（0.06）
3		清洁能源发电量占比（0.07）
4		风光水电利用率（0.05）
5		平均供电可靠率（0.07）
6	电力消费（0.34）	电能占终端能源消费比重（0.09）
7		全行业用电占用能比重（0.07）
8		人均用电量（0.05）
9		单位 GDP 电耗（0.07）
10		获得电力指数（0.06）
11	可持续发展（0.33）	城乡居民户均用电装接容量（0.06）
12		人均生活用电量（0.08）
13		平均销售电价（0.07）
14		单位火电发电量二氧化碳排放强度（0.05）
15		单位发电量二氧化碳排放强度（0.07）

2. 电气化进程各阶段对应指数区间

电气化进程阶段对应指数区间见下表。表格中标明的各项典型指标数值总体上量化反映出对应电气化进程阶段的基准水平，研判不同国家的电气化进程所处阶段时，宜在附录 3 中所示的电气化进程各阶段典型特征评价指标区间划分的基础上，结合评价国家自身特点对各类典型特征评价指标区间进行修正，采用修正后的各类典型特征评价指标区间对应的电气化进程阶段对电气化进程指数测算结果进行验证。

序号	进程阶段	进程指数区间
1	电气化前期	$50 \leqslant Index_{dqh} < 60$
2	电气化中期初级阶段	$60 \leqslant Index_{dqh} < 70$
3	电气化中期中级阶段	$70 \leqslant Index_{dqh} < 80$
4	电气化中期高级阶段	$80 \leqslant Index_{dqh} < 90$
5	电气化后期	$90 \leqslant Index_{dqh} < 100$

参考文献

［1］国家统计局．中国统计年鉴 2018［M］．北京：中国统计出版社，2018.

［2］国家统计局．中国能源统计年鉴 2018［M］．北京：中国统计出版社，2019.

［3］中国电力企业联合会．2018 年电力工业统计资料汇编［R］．2019.

［4］中国电力企业联合会．中国电力行业年度发展报告 2019［M］．北京：中国建材工业出版社，2019.

［5］中国电力企业联合会．中国电力行业可靠性年度发展报告 2019［M］．北京：中国建材工业出版社，2019.

［6］中国电力企业联合会．电力行业应对气候变化进展（2017—2018）［M］．北京：中国电力出版社，2018.

［7］中国电力企业联合会．改革开放四十年的中国电力［M］．北京：中国电力出版社，2018.

［8］电力规划设计总院．中国能源发展报告 2018［M］．北京：中国电力出版社，2019.

［9］电力规划设计总院．中国电力发展报告 2018［M］．北京：中国电力出版社，2019.

［10］国家发展改革委能源研究所中国能源展望课题组．中国能源展望 2018—2019［M］．北京：中国经济出版社，2019.

［11］国网能源研究院有限公司．中国能源电力发展展望 2019［M］．北京：中国电力出版社，2019.

［12］国网能源研究院有限公司．2018 中国节能节电分析报告［M］．北京：中国电力出版社，2018.

［13］林伯强．中国能源发展报告 2018［M］．北京：北京大学出版社，2019.

［14］林卫斌．能源数据简明手册 2019［M］．北京：经济管理出版社，2019.

［15］刘振亚．全球能源互联网［M］．北京：中国电力出版社，2015.

［16］刘振亚．中国电力与能源［M］．北京：中国电力出版社，2012.

［17］刘振亚．智能电网技术［M］．北京：中国电力出版社，2016.

［18］黄群惠，李芳芳，等．中国工业化进程报告（1995—2005）［M］．北京：社会科学文献出版社，2017.

[19] 国家能源局.2018年度全国电力价格情况监管通报[R].2019.
[20] IEA. 世界能源展望2019[R].2019.
[21] IEA. 中国电力系统转型[R].2019.
[22] IEA. World Energy Statistics 2018[R].2018.
[23] BP. BP世界能源展望2019年版[R].2019.
[24] BP. BP世界能源统计年鉴2019[R].2019.
[25] 国家电网有限公司.国家电网有限公司社会责任报告2018[R].2019.
[26] 中国南方电网有限责任公司.中国南方电网2018企业社会责任报告[R].2019.
[27] 中国华能集团有限公司.中国华能集团有限公司2018年可持续发展报告[R].2019.
[28] 中国大唐集团有限公司.中国大唐集团有限公司2018社会责任报告[R].2019.
[29] 中国华电集团有限公司.中国华电2018年可持续发展报告[R].2019.
[30] 国家能源投资集团有限责任公司.国家能源集团2018社会责任报告[R].2019.
[31] 国家电力投资集团有限公司.国家电投2018企业社会责任报告[R].2019.
[32] 王志轩.新中国电气化发展七十年[J].中国能源,2019,41(09):10-18.
[33] 朱彤,从博云.美国、日本和德国能效管理的经验与启示[J].中国发展观察,2018,(Z2):110-114.
[34] 清华大学国情研究院课题组.中国经济增长前景及动力分析(2015—2050)[J].国家治理,2017,(45):2-8.
[35] 史丹.能源低碳转型与工业化道路[J].经济观察,2017,(11):29-32,54.
[36] 胡鞍钢.中国中长期人口综合发展战略(2000—2050)[J].清华大学学报:哲学社会科学版,2007,22(5):84-91.
[37] 周孝信,陈树勇,鲁宗相,等.能源转型中我国新一代电力系统的技术特征[J].中国电机工程学报,2018,38(7):1893-1904.
[38] 唐伟.科学实施电能替代规划[J].中国电力企业管理,2017(7):54-55.

后　记

在《中国电气化发展报告2019》编撰过程中，国家政府相关部门给予了大力支持和帮助。国家电网有限公司、中国南方电网有限责任公司、中国华能集团有限公司、中国大唐集团有限公司、中国华电集团有限公司、国家能源投资集团有限责任公司、国家电力投资集团有限公司、内蒙古电力（集团）有限责任公司等中电联理事单位及有关大型电力企业为报告提供了翔实的资料。

国家电网有限公司的解利斌、王齐、马建伟、胡永朋，中国南方电网有限责任公司的胡建辉、陈伟波、王景亮，中国华能集团有限公司的冯瑞、朱雷，中国华电集团有限公司的李威，内蒙古电力（集团）有限责任公司的郭鲲、南家楠、贾子鹏、陈宇，中国电力科学研究院有限公司的苗博，国网（天津）综合能源服务有限公司的于波、王嘉庚、张超、吴明雷、张智达等同志为本单位资料的整理、汇总、提交做了大量工作。

中电联本部理事会工作部、行业发展与环境资源部、会员与企业文化建设部、可靠性管理中心等部门分别承担了报告相关章节的校核任务。

张兴华、杨雄平、王宗义、刘嘉晖、张晓峰、舒福平、单子阳、闫子政、梅彤堂、易湘红、苏合、王继业、郭炳庆等专家审核了报告。安江英、陈宗法、崔志广、冯永晟、樊海斌、高世楫、蒋莉萍、蒋敏华、孔志国、刘刚、刘敏、李瑞忠、孙耀唯、宋明霞、苏铭、辛颂旭、赵会茹等专家参加了中国电气化发展座谈暨报告论证会，并对报告提出了具体意见和建议。

在此一并表示感谢！

后续我们将不断总结经验，进一步提高编撰质量和专业价值，使报告成为全视角反映我国电气化发展成效的一扇窗口，在立足行业、联系政府、服务企业、沟通社会中发挥更大的作用。